EMMANUEL DES ESSARTS

POÈMES

DE

LA RÉVOLUTION

1789-1796

PARIS
G. CHARPENTIER, ÉDITEUR
13, RUE DE GRENELLE-SAINT-GERMAIN, 13

1879

POÈMES

DE

LA RÉVOLUTION

IL A ÉTÉ TIRÉ

cinquante exemplaires numérotés sur papier de Hollande

Prix : 7 francs

Paris. — Imp. E. Capiomont et V. Renault, rue des Poitevins, 6.

EMMANUEL DES ESSARTS

POÈMES
DE
LA RÉVOLUTION

1789-1796

PARIS

G. CHARPENTIER, ÉDITEUR

13, RUE DE GRENELLE-SAINT-GERMAIN, 13

1879

Tous droits réservés.

I

LES PREMIERS TEMPS

I

89 - 90 - 91

A M. LÉON GAMBETTA

> Nous nous levons alors !
> P. Corneille.

Trois ans, limpide Avril de notre liberté,
Printemps de rose et d'or avant le rouge été,
    Quand la France pleine de sèves,
Comme un enfant ouvrant ses yeux au clair soleil,
Gardait l'étonnement joyeux de son réveil
    Et les promesses de ses rêves ;

Trois ans où tout fut bon, fraternel et clément,
En pleine lutte ardente un cri de ralliment
    Dans notre cœur tressaille encore,
La guerre aux seuls abus que l'on voulait briser,
L'espoir indéfini d'un immense baiser,
    Un orage dans une aurore !

Quel vol d'événements à travers l'horizon !
Peuple alors échappé d'une antique prison,
    Tes pas lancent des étincelles ;
Pour suivre ton essor libre enfin du réseau
L'Histoire est bondissante, et, comme un jeune oiseau,
    Elle a des chansons et des ailes !

C'est la séance auguste où, lutteurs du Devoir,
Les Députés du Tiers, héros en habit noir,
    Debout contre tout un royaume,
Ont prêté ce serment dont tremblent les palais
Dans la salle où, parmi l'essaim de ses valets,
    D'Artois s'égaie au Jeu de Paume !

C'est le jour éclatant de lumière où Paris
Menant ses citoyens endimanchés, fleuris,
    Ainsi qu'aux fêtes de famille,
Alla d'un pied joyeux, en allègre marcheur,
Droit vers son but avec l'arme du bon faucheur
    Retrancher du sol la Bastille ;

C'est l'héroïque nuit des saints renoncements,
Cette nuit du quatre Août quand des preux bien-aimants,
    Dans un élan trop éphémère,

Ont la première fois pour de nouveaux venus
Laissé battre leur cœur et nous ont reconnus
  Sur ton sein, ô France ma mère !

C'est la semaine heureuse où par tous les chemins
Les citoyens riants et les mains dans les mains
  Saluaient leur indépendance.
O Fédérations, souvenir immortel !
Tous frères apportant la terre au même autel
  Et partout un long chœur de danse...

Semaine impérissable où vieillards rajeunis,
Vierges, adolescents par leurs mères bénis
  Ou par leur aïeule attendrie
Sentaient dans un éclair électrique et divin
Du mont le plus altier au plus humble ravin
  Courir l'âme de la Patrie.

Et vous, oh non ! jamais ne soyez oubliés,
Couvent des Jacobins, cloître des Cordeliers,
  Qui sous des voûtes centenaires
Avez pour les combats sans trêve ni merci,
Recélé la parole impétueuse, ainsi
  Qu'un double arsenal de tonnerres ;

Ni vous, journaux profonds, véhéments ou malins,
Feuille de Loustalot, pamphlet de Desmoulins,
    Flèches traversant les broussailles,
Qui rejoigniez si bien de vos brusques élans
Derrière un mur épais de Suisses, de hulans,
    La Royauté dans son Versailles ;

Ni vous, brillants tribuns, athlètes radieux,
Restez toujours la joie épique de nos yeux,
    Le lyrique orgueil de notre âme,
Soyez notre invincible honneur et notre amour,
Toi, Barnave, si noble et si pur jusqu'au jour
    Où t'ont fléchi des pleurs de femme ;

Toi, Mirabeau, pareil aux vastes ouragans
Prompts à jeter à bas les sapins arrogants,
    Prodigieuse créature
Si puissante qu'en toi notre regard béant
Voit bien moins un génie et bien moins un géant
    Qu'une force de la nature ;

Toi surtout, La Fayette, ô notre chevalier,
Modeste contempteur du superbe laurier,
    Jugeant tes destins assez amples

D'être resté, semblable au roc tranquille et fier
Que n'ébranleront point les assauts de la mer,
    L'immuable donneur d'exemples.

Oh ! ces trois ans, ce fut une riche saison,
Toute une sympathique et chaude floraison
    Où s'épanouit l'âme humaine :
La Révolution tendre chez les vainqueurs,
Pacifique et prenant pour conquêtes les cœurs,
    L'univers ému pour domaine.

Ivre de l'avenir, l'Europe renaissait :
Dans la rue à Florence, à Vienne, on s'embrassait
    Après nos grands jours olympiques ;
Tant les peuples savaient que nos bras généreux,
Épris de délivrance et combattant pour eux,
    Aux rois seuls destinaient leurs piques.

Le genre humain en fleur n'avait plus que vingt ans.
On eût dit l'âge d'or conquis par des Titans :
    Tout était jeunesse, amour, gloire,
Triomphe, et l'on croyait au bonheur éternel,
Sans prévoir un obstacle au rêve fraternel,
    Un lendemain à la victoire.

II

LA PREMIÈRE COCARDE

> Que la liberté soit !
> ALFRED FOUILLÉE.

Dans ce Palais-Royal orageux qui recèle
Le tourbillonnement des plaisirs défendus,
Frémissante parmi les groupes éperdus,
    Court l'épouvante universelle.

Necker par son exil tient les cœurs consternés ;
L'on imagine, au gré d'un prince aristocrate,
Le Royal-Allemand ou le Royal-Cravate
    Sur Paris tremblant déchaînés ;

De lourds galops, des chocs, des chutes dans les fleuves,
Sur des amas de corps le noir soldat campé ;
Puis un silence morne et sourd, entrecoupé
    Par les pleurs étouffés des veuves.

Et nul ne se dira : « Qui meurt libre a vécu ! »
La rivière indomptable emporte son barrage ;
Mais Paris désarmé, Paris se décourage,
    Et sans lutter il est vaincu ;

Quand soudain, à travers la foule qui fourmille,
Un jeune homme aux yeux vifs, enhardi par son cœur,
S'ouvre un passage et vient s'offrir pour harangueur...
    Trente ans ; il s'appelle Camille !

Camille Desmoulins, un fils du Vermandois :
Il a toute la vieille Athènes sur ses lèvres,
Un esprit qui sautille avec des bonds de chèvres,
    Et peu d'argent entre ses doigts.

Une table lui sert de tribune... ô merveille !
Il groupe autour de lui six mille spectateurs,
Il montre en traits sanglants dans les palais menteurs
    La Saint-Barthélemy qui veille,

Il gronde, il pleure, il rit, il se démène... il est
Multiple comme l'onde, et son geste accentue
Sa parole... il s'écrie : « Opprimé, je me tue ! »
    Et l'on voit luire un pistolet.

« A nous la liberté! Je la prends sous ma garde,
La vierge antique en proie aux despotes jaloux;
Mes frères, des fusils! les dieux sont avec nous :
    Voici déjà votre cocarde! »

Il dit, et le premier, un ruban vert au front,
Il s'élance, entraînant Paris, le bon Camille :
Tous s'arment sur ses pas, et demain, ô Bastille,
    Tes murs orgueilleux tomberont.

III

LES PRÉCURSEURS

A M. E. SPULLER

> L'idée seule fait croître les ailes de l'âme.
> PLATON.

Avant les Jacobins, trop crédules aux rois,
Cinq êtres isolés dans la France asservie
Franchirent d'un seul bond l'ornière des effrois
Droit à la République où se fixa leur vie.

Cinq, et pas un de plus, mais de ces précurseurs
Sûrs dans leur marche et tels qu'on les revoit encore,
Partant dès l'aube ainsi que les hâtifs chasseurs,
Pieds nus dans la rosée, avant-coureurs d'aurore :

Brissot — un Thémistocle achevé par Franklin,
Penseur vaillant qu'aurait élu Philadelphie,
Qui des Bourbons caducs vient hâter le déclin,
Et lutte, et jusqu'au bout simple se sacrifie.

Camille — une ironie, un terrible rieur,
Esprit incendiaire à l'égal de la flamme,
Mais bon dans sa furie, et pour être meilleur
Ayant sur son épaule un front penché de femme.

Condorcet — âme prête à tout sublime effort,
Confiant possesseur d'un idéal robuste,
Plein d'amour pour le faible en sachant qu'il est fort,
De pitié pour l'ingrat en sentant qu'il est juste,

Fougueux comme le vent, Cloots — Français adoptif,
Qui voyait, à travers sa brusque rêverie,
Les hommes rapprochés dans un élan tardif
Disant à tous : « mon frère » et partout : « ma patrie ! »

Et toi dont le destin fut pareil au ruisseau
Qui devient fleuve et va mourir dans la mer sombre,
Pupille que Plutarque a transmise à Rousseau,
Aux œuvres de grandeur te préparant dans l'ombre ;

Courage audacieux, sourire triomphant,
Pudeur de la bourgeoise, essor de l'héroïne,
Compagne d'un vieillard au cœur vierge d'enfant,
Qui bientôt donneras le signal de ruine,

O madame Roland, salut ! autour de toi
Se groupent des lutteurs que ta parole entraîne :
Tu couves leur ardeur, tu ravives leur foi,
Jusqu'au jour où ta main les lance dans l'arène.

Donc, mes cinq précurseurs, soyez aimés, bénis,
Vénérés, pour avoir en un siècle frivole
Les premiers aspiré vers des dieux rajeunis
Et brisé dans vos cœurs l'héréditaire idole ;

Les premiers embrassé l'immortel Idéal
Que la vertu proclame et que l'amour désigne,
La République, espoir du bien, effroi du mal,
Forte comme un lion et pure comme un cygne !

IV

L'ARGENT

> *Obscena pecunia.*
> JUVÉNAL.

Telle dans une mer Egée
Vient s'abattre sur un écueil
La grande aile découragée
Qui cède aux tempêtes en deuil,
Telle du vol de sa pensée,
De sa course aux cieux élancée,
La Constituante lassée
Ployait son âme et son orgueil.

L'Assemblée inquiète plie,
Pareille aux frissonnants oiseaux,
Elle dont la sainte folie
Rompant les chaînes, les réseaux,

Les sceptres, le passé, l'histoire,
Avait, dans son élan de gloire,
Courbé sur leur trône illusoire
Des Bourbons comme des roseaux;

Elle que n'a pas étonnée
L'auréole de saint Louis
Dont une race illuminée
Tenait les peuples éblouis,
Ni cette splendeur familière
A la noblesse chevalière
Planant comme l'âme guerrière
Des paladins évanouis.

Irrésistible iconoclaste
Qui, dans son essor exigeant,
Brisait les foudres d'une caste
Et broyait l'obstacle outrageant,
Sœur de Briarée et d'Hercule,
Elle fléchit, elle recule
Devant un monstre ridicule,
Le plus vil des monstres, l'Argent!

C'est devant ce grotesque maître,
Lâche buveur de sang humain,

Que ces héros, vainqueurs peut-être,
Succombent à moitié chemin,
O grande Assemblée avilie!
O géante qui s'humilie!
A Turcaret Lameth s'allie;
Barnave à Mondor tend la main.

La Liberté se fait dévote
Au Plutus stupide et brutal;
Les droits, les milices, le vote,
Tout pour un monceau de métal!
Comme dans Carthage ou Venise,
Près de Brutus qu'on divinise
Crésus adoré s'intronise
Sur un cynique piédestal.

Crésus règne, le Cens gouverne,
Se taillant la part du lion;
C'est pour retomber dans l'Averne
Que les forts ont pris Ilion.
Adieu le rêve égalitaire
Du poète ou du prolétaire!
Le nouveau tyran de la terre
C'est Monseigneur le Million!

Sois riche, ami, tu seras libre.
Paie, et la patrie est à toi.
Malheur au cœur du pauvre où vibre
Le cri navrant d'un mâle émoi.
Fi pour l'indigence bannie !
Vertu, travail, gloire, génie,
Arrière, ô grandeurs qu'on renie !
L'or est dieu quand l'argent est roi !

Seuls, armés contre le scandale
De ces cultes de parvenus,
A la richesse féodale
Opposant les droits ingénus,
Seuls quelques penseurs tutélaires,
Patriotiques vexillaires,
Agitaient les saintes colères
Au nom des pauvres méconnus !

« O Pauvreté, sois mon amante, »
S'écriait Maximilien,
« Vierge austère, vierge charmante
Je t'offre un cœur de citoyen,
Je te voûrai des sacrifices,
Et, libre des trésors factices,

Je proclamerai tes délices,
Compagne du Stoïcien! »

Et sa parole vengeresse
Glorifiait en purs accents
Cette impérissable maîtresse
Des courages adolescents,
Cette Pauvreté nourricière
Qui de notre humaine poussière
Tire à jamais la race fière
Des libérateurs renaissants.

Parle sans crainte, âpre jeune homme,
Défends, fidèle à ton drapeau,
Celle qui fit Sparte avant Rome,
Mère du Bien, Muse du Beau.
La déesse reconnaissante
Gardera ta mémoire absente
Sans que jamais elle consente
A te refuser son flambeau.

Elle te ménage un refuge,
Futur vaincu de Thermidor.
Quand la postérité te juge
La Pauvreté proteste encor

Et d'une voix qui s'éternise
Répète à la foule surprise :
« Ce tribun égalait Moïse
Quand sa main brisa le Veau d'or. »

V

CAMILLE DESMOULINS

A JULES CLARETIE

> Encore maintenant les barbares disent que rien n'est plus redoutable que la guêpe attique.
> ARISTOPHANE.

Effroi des Feuillants à l'œil terne
Qu'il joue et qu'il déjoue, et qu'il bat et qu'il berne,
   C'est l'Horace de la Lanterne;

Mieux encor, c'est Camille, un accord singulier
   De poète et de Cordelier,
Pour aimer sans égal, sans égal pour railler;

   Riant d'un rire qui m'effare,
Jetant sur l'avenir les lueurs d'un grand phare,
   Tour à tour sifflet ou fanfare;

Parfois en fer de lance aiguisant ses chansons,
    Trempant de venin ses soupçons,
Il enfonce les mots comme autant de poinçons.

    Il tue alors tous ceux qu'il blesse,
Le Maury, le veto, la cour et la noblesse,
    La force et même la faiblesse.

Sa fougue meurtrière est toujours à l'assaut.
    Gare au méchant et gare au sot,
A l'honnête homme aussi... gare à toi, cher Brissot.

    Tel un dieu d'Orient, funeste
Et bon, fait alterner l'abondance et la peste,
    Fécondant ou broyant d'un geste.

Tour à tour c'est Ménippe aboyant au passant,
    Aristophane éblouissant,
Diogène parfois éclaboussé de sang.

    Mais bientôt par une éclaircie
La Liberté visible à sa verve associe
    L'âpre accent de la Boétie.

Il lance un *fiat lux* impérieux et fier,
    Rêvant sur les débris d'hier
Une Lutèce aux pieds caressés par la mer ;

    Une Grèce parisienne,
Dans nos brumes du Nord lumineuse et païenne
    La République athénienne ;

Et tous heureux, et tous ravis, et tous chantants,
    La pompe des Arts éclatants
Et les Muses faisant abdiquer les Titans.

    Voilà notre Camille, une âme
Enfantine, vaillante et folle, oiseau de flamme,
    Esprit de faune et cœur de femme !

VI

A LA MÉMOIRE DE LOUSTALOT

A M. E. YUNG

> *Virtutis veræ custos rigidusque satelles.*
> HORACE.

Je t'aime, ô Loustalot, journaliste idéal,
Hérault incorruptible et devancier féal
    De la République espérée,
Pour vivre longuement trop sincère et trop fort,
Tête de citoyen par les mains de la mort
    Avant l'heure transfigurée.

Loustalot qui laissas la France à l'abandon;
Car tu mêlais l'espoir et le vœu du pardon
    A la victoire caressée,
Saintement désireux d'un triomphe innocent,
Entre nos fiers lutteurs le seul vierge de sang,
    Vierge de sang même en pensée!

De tous les plus obscurs n'es-tu pas le plus grand,
Toi qui ne voulais pas pour l'hostile émigrant
    De supplices irréparables,
Qui rêvais un pays libre du joug royal,
Offrant à tous ses fils l'ombrage impartial
    Des grands chênes et des érables,

O conscience égale au plus chaste glacier,
Vertu de diamant et courage d'acier,
    Type de raison enflammée,
Sans langueur Girondin, Montagnard sans fureur,
Contre le Royalisme et contre la Terreur
    Ame pareillement armée !

Fraternité vivante, hélas ! tu disparus ;
Trop tôt pour la Patrie en larmes tu mourus,
    Perdant la gloire sans mélange
D'être juste où plus d'un ne sera que vengeur,
Tu tombas, Loustalot, comme le vendangeur
    Qui n'a pu goûter sa vendange.

VII

L'ARRIVÉE DES GIRONDINS

A M. HENRI MARTIN

> Une France nouvelle en cheveux noirs.
> MICHELET.

Nouveaux venus, ils sont les bienvenus... jamais
La France de plus beaux enfants ne fut plus fière :
On aurait dit des dieux quittant les bleus sommets

Pour daigner, tendre élite et cependant guerrière,
Apparaître aux humains et leur ouvrir des cœurs
Formés d'azur clément et d'ardente lumière...

Des dieux jeunes! ni durs, ni tristes, ni moqueurs!
En eux la grâce antique est la sœur de la force
Et ce sont des amants autant que des vainqueurs.

Indulgents à graver sur la flexible écorce
Le nom d'une amoureuse, ils sauront aussi bien
Des peuples et des rois hâter le lent divorce.

Jusqu'ici spectateurs, d'un choc diluvien,
Ils forgeaient l'armement de la foudre éloquente
Contre les trahisons du roi capétien.

Leurs lèvres vont vibrer, et la cour provocante
Verra luire en tremblant des rayons belliqueux
Autour de ces fronts purs où sied la molle acanthe.

Rien de plus doux et rien de plus terrible qu'eux!
Fraternels à la femme, au serf, au prolétaire,
Implacables aux rois, aux nobles orgueilleux,

Ils jetteront et rois et nobles contre terre,
Par le seul roulement de leur parole, ainsi
Qu'après l'éruption sonore d'un cratère.

Ils viennent résolus : ni retard, ni merci,
Ni trêve! car la guerre habite leur pensée
Qui du péril certain ignore le souci.

Eux mourir! mais il faut que leur brève odyssée
S'achève et que pour vous, ô France, ô Liberté,
Leur prodigue existence ait été dépensée.

En deux ans ils vivront deux siècles..., leur été
Pour nous se perpétue et par la pâle automne
Et par l'hiver sénile à jamais respecté.

Qui donc vécut plus qu'eux? nul rhéteur monotone
Parmi ces Girondins; ils sont beaux et fleuris
Et dans leur chœur plus d'un chante avant qu'il ne tonne.

Les voici, tous ensemble en route vers Paris,
Nos sveltes députés de la brune Gironde,
Pour la foule charmée entraînants favoris.

Dans leur tête fertile ils portent tout un monde,
Ondoyants, expansifs, multiples, orageux,
Avec leur causerie ailée et vagabonde.

Tantôt donnant l'essor aux chansons comme aux jeux,
Ils sont fous de jeunesse et tantôt leurs idées
Montent plus près du ciel que les grands pics neigeux.

Ces Titans de demain aux sublimes coudées
N'ont pas honte de rire, admettant la gaîté
Comme un éclair de plus aux têtes décidées.

Ils vont légers, fervents, fêtant l'Égalité
Comme on fête l'amour, le printemps et les roses,
Et tout sur le chemin leur sourit enchanté.

C'est qu'ils diffèrent tant des Jacobins moroses,
C'est qu'ils sont si français et si grecs à la fois,
Esprits si captivants, tribuns si grandioses,

Que, dans cette voiture où s'enflammait leur voix,
Où roulait avec eux vers la ville énergique
L'irrévocable sort qui vient frapper les rois,

Près d'eux, un voyageur, pèlerin nostalgique,
Sentit à ses chaleurs se fondre son ennui
Et son être s'emplir d'un long charme magique ;

Car devant ces héros qui se montraient à lui
Purs comme la vertu, beaux comme l'espérance,
L'âme d'une Patrie à ses yeux avait lui

Et depuis l'étranger ne quitta plus la France !

VIII

L'AMAZONE DU VINGT JUIN

Exultat Amazon.
VIRGILE.

I

Quand l'émeute aux bras nus bondit échevelée
  Hors des faubourgs tempestueux,
Et submerge Paris ainsi qu'une vallée
  De ses torrents tumultueux,
Alors, dans le puissant roulis de l'onde humaine
  Qui bat le palais oppresseur,
Dans ces vagues où Saint-Huruge se démène
  Avec Santerre le brasseur,
Où le prince de Hesse, où Merlin, cœur prodigue,
  Où soldats, bourgeois, ouvriers,
Donnent l'assaut suprême à la suprême digue
  De ces rois qui seront noyés,
Une femme soudain au premier rang éclate
  Ainsi qu'un feu sur les hauteurs,

Comme sur une tour un signal écarlate,
    Une femme aux grands yeux dompteurs.
Car dans ce peuple en marche elle est reconnaissable
    Au bruit qui précède ses pas,
Bruit terrible et joyeux ! tel qu'aux déserts de sable
    Le bruit de trombe et de trépas,
Tel aussi que ce bruit de sonores ivresses
    Et de baisers rabelaisiens
Et de chansons parmi les flamandes kermesses
    Loin des brouillards parisiens.
Cette femme est la guerre, et le rire de flamme
    Autour d'elle voltige et court.
Vengeance en belle humeur, elle va, cette femme :
    C'est Théroigne de Méricourt !

II

C'est Théroigne, la blonde amazone liégeoise,
    Le libre et vivant carillon,
De la vieille cité populaire et bourgeoise
    Bondissante incarnation,
La fille aux bras d'acier des mines et des forges
    Et des houillères sans azur,
Mais ainsi qu'une fleur de pourpre dans les orges
    Ayant grandi sous le ciel pur.

Son costume a des airs de bataille et de fête.
  Tragique autant que singulier ;
Tantôt un bonnet fauve encadre cette tête,
  Tantôt un chapeau cavalier.
La gaze du bonnet qu'un vert pompon décore
  Captive à peine ses cheveux ;
Sur son cou se prolonge un fichu tricolore ;
  Sur son corps solide et nerveux
Soit une redingote à la rougeur vermeille,
  Soit une veste de basin
Tombe et du sein hardi couvre l'ampleur, pareille
  A deux grappes d'un bon raisin.

III

Elle n'a pas toujours pris pour joyaux les piques
  Ni pour cavaliers les héros.
Avant d'être la sœur des guerrières épiques,
  Elle fut la fille d'Eros ;
Avant de se ruer aux batailles géantes,
  Humant la poudre à pleins poumons,
Elle vous écouta, brises insinuantes
  Qui murmurez au cœur : « Aimons ! »
Elle vous entendit sous les nuits langoureuses,
  Au son des arpéges lointains,

Mots d'amour odorants comme des tubéreuses
    Sur les lèvres des plus hautains ;
Elle vit obéir l'orgueil de ses lignes
    Ainsi qu'à l'attrait de ses yeux,
Dans les grands parcs peuplés de marbres et de cygnes,
    Même un empereur soucieux.
Idole d'un César maintenant elle est libre
    Des caprices qu'elle inspira.
Pour le drame viril son cœur agrandi vibre
    Après le galant opéra.

IV

Tel un ciel rafraîchi par l'abondant orage,
    Elle renaît pour nos combats
Et fait sonner avec un menaçant courage
    Son beau rire de branle-bas.
En avant ! elle marche en tête, et la colonne
    Qu'elle guide en son fier chemin
Semble suivre ardemment l'antique Mimalone,
    Le lierre au front, le thyrse en main,
La Mimalone antique à toute heure effrénée,
    Sanglante de vin et de feu,
Mais sublime d'extase et tout illuminée
    Par l'enthousiasme d'un dieu.

IX

LA GUERRE

A ANDRÉ MOINIER

« La guerre, » dit Brissot, d'une voix ferme : « allons
Surprendre dans Coblentz les émigrés félons
Qui nous guettent tout prêts à fondre de leur aire.
Montrons à leurs manoirs le drapeau suburbain ;
Plantons aux murs viennois un bonnet jacobin.
    L'heure est venue ! amis, la guerre !

Et tous applaudissaient, et les chapeaux volaient,
Et partout les baisers fraternels circulaient,
Et les pieds s'emportaient déjà vers la frontière,
Et les cœurs pressentaient l'agile Liberté
Victorieuse au bout de l'Europe, excepté
    Un homme... c'était Robespierre !

Perspicace, au delà des beaux enrôlements,
Des fiers départs, des pas de course véhéments,
De la charge invincible à travers la mêlée,
Au delà du triomphe héroïque et fatal,
Il voyait tôt ou tard l'étranglement brutal,
    La République violée.

Quand Louvet secouait ses hardis carillons,
Quand Brissot déployait au loin nos pavillons
Sur une Europe aux fers rompus, libre et ravie,
Robespierre attristé voyait trop clairement
Les victoires couver le noir ressentiment
    Et la vindicative envie ;

Nos bienfaits échouer sur un tardif écueil,
Les peuples s'insurger dans leur rebelle orgueil
Contre une égalité fille de la conquête
Et lancer la levée en masse contre nous
Pour nous jeter usés et brisés aux genoux
    De l'aristocratie en fête ;

Le courage d'abord austère et virginal
Descendant aux laideurs que flétrit Juvénal,
S'abaissant jour par jour aux banales pratiques,
Devenant brute après avoir été géant,

Extorquant la pudeur et l'or, substituant
    Le moyen âge aux temps antiques ;

Et tout ce sang, rosée immense, et ces vertus
Des généraux, pareils aux sévères Brutus,
Ces chocs intelligents où luttait la pensée,
Tous ces prodiges, ces miracles, tout cela
Pour qu'un César piétine en pourpre de gala
    Sur la tribune renversée.

X

LA PETITE COMTESSE

> C'est vous qui vous levez et qui vous indignez,
> Femmes...
> VICTOR HUGO.

La petite comtesse Etta Palm Aëlder,
Rose avec les blancheurs natives de l'eider,
Façonnant aux courroux une lèvre enfantine,
Vole où la Liberté virile la destine.
Des prêches de Fauchet jusqu'au club jacobin
Ses petits pieds qu'en rêve eût baisés Chérubin
Se hâtent ; elle vient, comme des sérénades,
Ouïr le bruit flatteur des lentes canonnades
Et bondit amoureuse aux éclats du tocsin.
O si mignonne et si terrible ! son doux sein
Sous les brises en feu des batailles halète,
Et cette main moulée aux jeux de la houlette
Du fusil flamboyant saisit l'épouvantail
Mieux que l'écran docile ou le frêle éventail.

Au soleil du Vingt Juin comme elle se découpe,
Elégante à travers la féminine troupe,
Et que sous l'uniforme aux longs parements bleus
Elle va d'un grand air tragique et fabuleux!

XI

L'ABBÉ FAUCHET

A GEORGES MOREL

> Il y a deux sortes de foi dans le monde ;
> l'une naît du découragement, l'autre de
> l'espérance.
> EDGAR QUINET.

Ce prêtre qu'on voue à l'Enfer,
Hiératique Lucifer,
Bouche d'or et bouche de fer,

C'est Fauchet, grande âme exaltée,
Très aimante et très irritée,
Bridaine croisé de Tyrtée.

Être de fièvre et d'onction,
Pour sa brebis d'adoption
Il prend la Révolution

Et veut dans sa pensée agile,
A cette enfant encor fragile
Donner pour parrain l'Évangile.

Aux Arcis, au faubourg Marceau,
Il chante le Christ au roseau,
La jeune Église en son berceau.

Devant l'indigent qui grelotte,
Le haillonneux et morne ilote,
Il prêche un Jésus sans culotte :

Jésus d'étable et d'atelier,
A d'obscurs pêcheurs familier,
Très pauvre et lui-même ouvrier,

Et dont l'éloquente jeunesse
Tonne sur la gent larronnesse,
Les dîmes et le droit d'aînesse ;

Jésus de la Montagne, en pleurs
Pour toutes ces humbles douleurs
Qu'on écrase comme des fleurs,

Mais plein d'ires et d'anathèmes
Contre les Pharisiens blêmes
Et les porteurs de diadèmes;

Jésus du Temple au fouet sacré,
Sur le trafiquant effaré
Lançant un bras exaspéré;

Mais sur un cœur égalitaire
Appelant tous ceux qu'on atterre,
Publicain ou femme adultère;

Jésus des Oliviers, meurtri,
Par tous les faux docteurs flétri,
Trahi déjà par les Maury;

Jésus du Calvaire qu'on raille,
Que l'on renie et l'on fouaille,
Qu'on tue ainsi que la canaille,

Mais qui, trois jours après le deuil,
Brise l'édifice d'orgueil,
La Bastille de son cercueil,

Et transfiguré sur les cimes
Convoque ses frères infimes
Aux fédérations sublimes

Où l'immortel sacrifié,
Glorieux et crucifié,
Semble un peuple déifié!...

Tel, pour ce grand Paris qui lave
Son antique opprobre d'esclave,
En flots de lait, en flots de lave,

Se déchaînait et s'épanchait
Cette douceur qui se fâchait,
L'Évangile selon Fauchet!

XII

MARIE-ANTOINETTE

> Fatale où elle siège, fatale à qui elle
> parle, Érynnis attachée aux Pyramides.
> ESCHYLE.

Oui ! femme, le mauvais génie est encor toi,
Toi seule ! tu perdis et ton peuple et ton roi.
Pour tous tu fus néfaste et pour tous meurtrière,
O fleur fatale ! Encor si t'énonçant guerrière
On t'avait vue, ainsi que ta mère au grand cœur,
Armer contre le sort ta vivace rancœur
Et lancer aux Chouans dans la lande bretonne
Ces appels du passé dont l'avenir s'étonne,
Puis si, panache au front, à cheval, plume au vent,
Tu te fusses jetée en plein péril devant
Les Bleus pensifs, poitrine offerte à nos mitrailles,
Ton nom viendrait à nous, sacré par les batailles,
Éclatant, vénérable entre les noms haïs.
Car tu pouvais combattre, ô reine, et tu trahis !

Visant obliquement la cause plébéienne,
Tu trahis, et tu fus deux fois l'Autrichienne.
Le mal que tu nous fis dans l'ombre vaut ce nom.
Lointaine, ta main blanche alluma le canon
D'où le premier boulet partit contre la France.

Ame des ennemis, sombre persévérance,
Émigrée au milieu de nos Français, tu fus
Et l'hostilité sourde et l'occulte refus
Qui rua sur nos champs l'Europe féodale.
Muette, sans éclat et sans public scandale,
D'un opprobre anonyme abjurant le souci,
Tu nous faisais la guerre à mort et sans merci,
Général féminin de Coblentz et le pire.
Pour conserver le sceptre et ton fragile empire
Que t'importait de faire égorger tout Paris?
Car elle disait vrai dans ses rauques décris
La chanson à la bouche en feu, la Carmagnole.

Oh! que de fois, à l'heure où le soir rossignole,
Tu dus songer avec des regrets instructifs
Aux matins de printemps, lorsque par ses motifs
Riait et gazouillait le « Devin du village, »
Que les jeux de salon au galant parfilage
Te charmaient, quand l'idylle en robe de linon
T'improvisait bergère au parc de Trianon,

Quand l'Opéra discret t'engageait dans ses rondes,
Que Léonard poudrait tes belles boucles blondes
Pour quelque dialogue élégant et courtois
Où ta verve donnait la réplique à d'Artois,
Cependant qu'à l'abri de la noble cabale
Tes secrets s'épanchaient dans le cœur de Lamballe.

Sa trahison, amis, savez-vous ce que fut
Sa trahison? vingt rois contre nous à l'affut,
Des torrents d'étrangers sur toutes nos frontières
Débordant, et nos bourgs changés en cimetières,
Et nos villes en proie aux longs bombardements
Et loin du sol français les milliers d'ossements,
Ossements de nos morts qui sont tous morts par elle.

Que de Français a seule immolés ta querelle,
Antoinette ! l'on peut te plaindre, car j'admets
L'équitable pitié, mais t'absoudre, jamais !
De ta captivité je plains l'horreur suprême
Et tes cheveux blanchis, imposant diadème,
Et la honte qu'un lâche Hébert te fit souffrir,
Mais je plains plus encor tous ceux qu'ont fait mourir
Les combats déchaînés pour tes droits éphémères,
O reine, et contre toi je fais appel aux mères !

XIII

LA MARSEILLAISE DANS L'ORAGE

A AUGUSTE VACQUERIE

> Le flot des hymnes.
> PINDARE.

La nuit est taciturne et sinistre..... L'orage
    Flagelle Paris endormi
Qui semble succomber aux ténèbres, parmi
    L'horreur d'un silence sauvage.

L'orage est maître, il court en éclairs vagabonds
    Comme en torrents de pluie aiguë
Du ciel au sol, des toits sonores à la rue,
    Par jets, par flots, par sauts, par bonds.

Nul passant à travers les places inondées
    Qui, sortant de la section,
Jetterait aux échos : « La mort ou Pétion ! »
    Point de patrouilles attardées.

Le désert. C'est à peine au coin d'un carrefour
 Si des chiens aux voix de crécelles
Hurlent. Tout dort jusqu'aux voleurs et jusqu'à celles
 Qui vendent leur stupide amour.

Seul le long des quais noirs d'ombre enveloppés veille,
 Veille un modique bataillon,
Suivant pour son chemin la foudre au bref sillon,
 C'est le bataillon de Marseille.

Les jeunes fédérés, tête au soleil, pieds nus,
 Quand Barbaroux leur a fait signe,
Des lointains climats d'or où l'azur est insigne,
 Les braves gens, ils sont venus.

Ils sont venus, comme une élite citoyenne,
 Par l'été lourd, sans peur d'user
Leur corps vivace, pour nous aider à briser
 Le Bourbon et l'Autrichienne.

Insensible à l'orage et bien plus véhément
 Que les trombes et les bourrasques,
Cet essaim de héros, fils des mistrals fantasques,
 S'avançait impatiemment,

LA MARSEILLAISE DANS L'ORAGE.

Ainsi, près de la Seine aux eaux troubles qui s'ouvre
    Au long ruissellement des cieux,
Ils marchèrent, le pied ferme et le cœur joyeux
    Jusqu'à leur but fatal, le Louvre !

Trempés de pluie hostile, ils ne frémissaient pas
    Sous ces humides avalanches.
Veste ouverte, ils allaient tels qu'en leurs gais dimanches
    Avec un chant rhythmant leurs pas.

Ce chant les emportait comme auraient fait leurs danses
    Bondissantes près de la mer,
Comme la farandole ou l'âpre bacchuber :
    Telles éclataient leurs cadences,

Tels, contre les éclairs qui se réverbéraient
    Sur les murs du palais visibles,
Non moins brusques, non moins hardis, non moins terribles,
    Eux aussi les sons fulguraient.

De cent lèvres en feu comme d'une fournaise
    Les sons s'échappaient enflammés
Incendiant les fronts des rhapsodes armés,
    C'est qu'ils chantaient la Marseillaise.

La Marseillaise dans l'orage ! étrange accord,
    Le ciel mariant son tonnerre
A ce chant qui recèle en ses refrains la guerre
    Formidable aux tyrans du Nord ;

Et ces couplets ardents, pleins de fièvre et de poudre,
    Traversés d'un mortel frisson,
L'un sur l'autre éclataient dans l'ombre, à l'unisson,
    A l'unisson des coups de foudre.

La Marseillaise dans la nuit ! au seuil des rois
    Le cri des nocturnes colères
Que sous de grands soleils les tocsins populaires
    Feront retentir tant de fois.

L'orage errait toujours haletant, électrique,
    Tandis que l'hymne adolescent
Heurtait la porte, ô Louvre effaré, grandissant
    Comme une tempête lyrique !

XIV

LES ENROLEMENTS VOLONTAIRES

A M. ALFRED MÉZIÈRES

> C'est avec quatre mots qu'on chasse l'étranger,
> Et ces quatre mots sont : la Patrie en danger !
> L. LAURENT PICHAT.

Ainsi qu'un bravache bouffi
Brunswick a lancé son défi
Dont la Ville éternelle vibre ;
Sous l'arrogant soufflet bondit
Paris qui proteste et qui dit :
« Je veux et je sais rester libre! »

Tout retard est complicité ;
Sur chaque point de la cité
Qui dans l'univers semble un monde
Le grand peuple qui vient s'offrir

Heureux pour souffrir et mourir
Et vaincre, s'il se peut, abonde.

Et de tout âge et de tout rang,
Faisant fraterniser leur sang
Dans l'égalité des batailles
Ces citoyens bientôt vainqueurs
Ont le même amour dans leurs cœurs
Et la même haine aux entrailles.

Beaux lions mangeurs de Prussiens
Tous ces petits Parisiens
Que le cartel met en furie,
Bourgeois, faubouriens, ci-devant,
Vont aussi vite que le vent
Au rendez-vous de la Patrie.

Partout le tocsin sérieux,
Ralentissant les curieux,
Presse le pas des patriotes ;
Les tambours aux sourds roulements
Scandent les fiers emportements
De nos belliqueux sans-culottes.

Aux coins des carrefours bavards,
Sur les spacieux boulevards

Partout une table se dresse,
Humble et patriotique autel
Qui reçoit le gage immortel
De la plus naïve tendresse,

Cependant les dignes parents
Ne s'en vont pas indifférents
A cette audace printanière :
Les vieux papas et les mamans
Rehaussent ces enrôlements
De leur toilette la plus fière.

Le père est plus beau qu'un émir !
Frac bleu, gilet de casimir,
Boucles d'argent sur bas de soie,
Large cravate aux plis bouffants,
Tricorne aux revers triomphants,
Canne à pomme d'or qui tournoie !

La sœur met son plus frais jupon ;
Une rose, hardi pompon,
Sied crânement à son oreille ;
Sur son bonnet, parmi des fleurs,
La cocarde aux airs querelleurs
Semble une mutine merveille.

L'amoureuse — Lise ou Toinon —
Avec son fichu de linon
Et sa robe de mousseline
Est un peu triste, mais pourtant,
Devant son amoureux partant,
Se fait brave en restant câline.

Le jeune homme, grave et charmant,
S'avance martialement
Sous son habit de volontaire ;
Plein d'espoir il se doute un peu
Que ce très modeste habit bleu
Fera parler de lui sur terre.

Il se sent de tous estimé,
Fêté de tous et mieux aimé
Par sa mère et sa fiancée,
Et s'enivre de concourir
Au sanglant labeur pour guérir
Notre chère France blessée,

Tandis qu'au vieux faubourg, Danton,
Droit sur une borne et du ton
Qu'aimait Luther, le fougueux moine,
Avec ses yeux de bon Titan

Et sa voix terrible d'antan
Dit : « Filles du quartier Antoine,

Pucelles au cœur bien nourri
Ne prenez pour votre mari
Que le brave ayant fait sa tâche
Et loin de votre cotillon,
Avec le fouet et l'aiguillon,
Chassez, chassez, chassez le lâche ! »

II

LES FRÈRES ENNEMIS

I

NI MARAT, NI ROLAND

> France, guéris des individus!
> ANACHARSIS CLOOTS.

Un jour, dans ses accès de bon sens pétulant,
L'ami Cloots s'écria : « ni Marat, ni Roland! »
    L'ami Cloots était sage.
O peuple du dix Août, peuple libre, à quoi bon
Te créer de la main dont tu brisas Bourbon
    Ces deux rois de passage ?

Quelle est cette manie étrange de tes sens?
Déjà tes vœux banals vont chercher des encens,
    Des pompes, des fanfares,
L'appareil fastueux qu'excite un dieu mortel.
Pourquoi donc rallumer ces vieux flambeaux d'autel
    Lorsque l'on a des phares,

Des phares vigilants aux fraternels travaux !
Mais non ! foule insensée, il te faut des rivaux
    Et des antagonistes,
Image contre image ! oh ! si vite à genoux,
Si tôt dans la poussière ! ah ! Français, serez-vous
    Toujours des royalistes

Et toujours des dévots ? ton désir le plus cher,
Paris, c'est de susprendre à des êtres de chair
    Ta folle idolâtrie,
D'ouvrir des panthéons à ceux qu'attend l'égout,
Et de tout adorer, crime, erreur, vertu, tout,
    Excepté la patrie !

II

LA LUTTE

A M. CHALLEMEL-LACOUR

> Nous nous sommes égorgés dans les ténèbres.
> CAMBON.

Hier la République est née
Et déjà ses fils les plus forts
Dans une guerre déchaînée
Consument de tristes efforts

Et perdent en luttes stériles
L'heure, le jour, le mois, le temps,
L'histoire, et leurs flammes viriles
Avec leurs rêves de printemps.

Le fouet des Discordes néfastes
L'un contre l'autre va pousser
Ces compagnons enthousiastes
Dont les noms semblaient s'enlacer.

Les frères d'armes de la veille
Ne songent plus que trahison ;
La défiance les réveille
Pour leur faire boire un poison.

La Convention est usée
Par ce duel quotidien !
Deux partis, la France épuisée,
Là-bas l'Anglais, l'Autrichien,

L'Europe ! et la France est meurtrie
Des coups de ses fils les plus beaux.
O voir le corps de la Patrie
Se déchirer en deux lambeaux !

Le voir et crier qu'on s'accorde,
Et crier toujours vainement,
Comme ce hurleur de concorde,
Danton, cœur terrible et clément.

Pauvre tribun, nul ne t'écoute :
Tous à ta voix indifférents
Vont s'entreheurtant sur la route
Par où reviennent les tyrans.

Dans l'étroite et tragique enceinte
Se font face sur les gradins
La double élite à jamais sainte,
Les Montagnards, les Girondins.

Entre eux, le Soupçon, l'Erynnie
Qui fera de tous ces héros
De leur vertu, de leur génie,
Quoi?... de la pâture à bourreaux.

Le Soupçon hagard perpétue
Ces chocs aveugles de géants.
Ils se lancent un mot qui tue,
Brunswick, Dumouriez, Orléans,

Tous affamés de république,
Tous ivres du même idéal,
Voulant le grand bonheur civique,
Rêvant l'éternel Floréal !

A leur élan s'ouvrait l'espace
Et l'impossible était permis !
Espoir qui s'éteint et qui passe !
Drame des frères ennemis !

Unis, leur audace féconde
Eût recréé le genre humain.
Ils auraient soulevé le monde,
Le monde... en se donnant la main.

II

LANJUINAIS

> Vous êtes peu nombreux pour la rébellion
> Et pour l'encombrement du chemin quand je passe,
> VICTOR HUGO.

Pareil à ces men-hir qu'aiment les clairs de lune,
Lanjuinais est un dur combattant ; la tribune
Tressaille sous son poids impérieuse ; Danton
Estime les assauts de ce rude Breton
Et les coups de bélier que lance cette tête.
La mêlée effrayante est sa vie et sa fête.
Autour de lui, combat des Trente, tu renais
Par les grands jours d'orage où parle Lanjuinais !
Sa parole a bondi : jacobin, royaliste,
Malheur à qui subit cette forte baliste.
Sans doute la Montagne est faite d'un granit
Robuste et qu'un ciment surhumain réunit,
Et pourtant la Montagne indomptable est troublée
De ces ébranlements dont tremble une assemblée

Et se lève parfois dans un élan soudain
Contre cet immuable et solide dédain.
Demandez à l'écueil s'il a peur de la houle?
La crête se détache impétueuse et roule
Vers la tribune hostile, et veut en arracher
Le Celte qui tient bon comme tient un rocher
Et par moments secoue et rejette éperdue
La grappe d'assaillants à son corps suspendue,
Seul Legendre parfois fait bouger ce Titan
Par un prodigieux et douloureux ahan,
Tel qu'en peut élancer dans ses franches furies
Le héros turbulent des rouges boucheries;
Mais l'autre s'affermit tranquille et souverain...
Car Legendre est de chair et Lanjuinais d'airain.

IV

APPARITION DE SAINT-JUST

A LOUIS CHALMETON

> *Saxea ut effigies.*
> CATULLE.

C'est encor un enfant et c'est presque un grand homme.
D'où vient-il? on eût dit, quand il parle soudain,
Sparte qui s'incarnait ou dans son fier dédain
Une apparition funéraire de Rome.

Il a surgi, comme un Agis ressuscité,
Comme un des revenants surhumains de Plutarque,
Évoquant avec lui pour juger le monarque
Les Lois au front d'airain de l'antique Cité.

A ceux que la pitié fléchit ou bien qu'opprime
Le doute ou que prosterne un complaisant effroi,
Impassible, il répond : « Louis fut-il un roi !
« Pourquoi délibérer? Frappons. Voici son crime !

« Il régna ; c'est assez pour mourir ! ennemis
« Tous ceux qu'enorgueillit un trône héréditaire !
« Tout sceptre est criminel, toute pourpre adultère :
« Sur les tyrans déchus tout supplice est permis.

« La justice à l'œil clair sur la royale engeance
« Qui dans ces vains débat use nos harangueurs
« Exerce froidement d'équitables rigueurs :
« Leur mort est une dette et non une vengeance.

« Leur mort est un hommage offert à la vertu,
« Aux mœurs, à l'Amitié qu'un mâle exemple éveille,
« A la Nature dont l'âme calme appareille
« Au tigre renversé le despote abattu. »

Tel il se révélait dans sa rigueur antique
Décorant de festons la hache des bourreaux
Né pour la vie ardente et dure des héros
Et pour le fier trépas du Romain dans Utique,

Cet être apparaissant, inexorable et beau,
Beau comme Némésis, implacable comme elle,
Et comme elle indocile au repos, et rebelle
A tout sommeil, avant le dormir du tombeau.

V

LE CAPUCIN CHABOT

> Ung moyne, j'entends de ces ocieux moynes.
> RABELAIS.

Moinillon papelard entre les moins novices
Ce Chabot tient auberge à l'enseigne des vices.
Quatre-vingt-neuf, il s'est jeté dans ton danger
Sans flamme, sans courroux, sans haine, pour manger,
Pour boire et soupeser de l'or dans ses mains sales.
S'il crie à pleins poumons dans les rumeurs des halles,
Dans les clubs au tumulte ondoyant, il n'est pas
A son poste aux grands jours de lutte et de trépas,
Élude du dix Août la belliqueuse épreuve
Et manque au rendez-vous sanglant de Grangeneuve.

Frocard poltron ! et sans combattre il est vainqueur.
Nos vaillants fusillés, nos martyrs au fier cœur

Pour ce lâche ont mordu leur suprême cartouche.
La Révolution s'est faite pour sa bouche
Et le trente et un Mai se fera pour son lit.

Donc la bataille étant bien gagnée, il remplit
Un rôle infâme et sûr d'assassin... Il épie,
Il surveille, il dénonce, avec un zèle impie,
Aboyant sur la piste où le lance Marat ;
Menteur imperturbable, effronté scélérat,
Il combine, il agence, il ourdit, il enfante,
Passé maître dans l'art affreux du sycophante,
Des pièges meurtriers où vont choir les héros.
Anytus de cuisine, il signale aux bourreaux
Condorcet que sa rage apparente à Socrate,
Et toi, son seul ami, crédule démocrate,
Bazire, sans rougeur il te dénoncera,
Et, vivant délateur, délateur il mourra.
Car il est jusqu'au bout de cette tourbe antique
Qui, lorsqu'elle a tué les Thraséas, pratique
Le vote officiel en l'honneur du turbot...

Il manquait aux Césars un capucin Chabot.

VI

LE SEPTEMBRISEUR

A PAUL LAFFITTE

> L'Argonne se dressait profonde, sombre et haute.
> ANDRÉ THEURIET.

Septembre, qui verra la République éclore,
Convoquant sous les plis du drapeau tricolore
Nos Français délivrés dont le cœur a frémi,
Les a lancés pour vaincre ou mourir à Valmy;
Et vaincus les Prussiens sont morts ou bien en fuite.
Car nos boulets leur font une rude conduite
A tous ces généraux de Brunswick, à ces altiers
Margraves qui traitaient nos gens de savetiers,
De tailleurs, de manants détachés de la glèbe,
Comme ils ont lâché pied devant le peuple éphèbe
Qui les eût repoussés, non moins qu'à Marathon,
Faute de poudre, avec la fourche et le bâton !

Peuple héroïque! ainsi fuyez, comtes, heiduques,
Champions effarés des royautés caduques,
Car, malgré votre nombre et malgré vos canons
Et l'orgueil déployé de vos noirs gonfanons,
Et vos habits qu'illustre un somptueux ramage,
Vous avez vu là-bas surgir la grande image
D'une France nouvelle, ardente à se venger
Qui renverra la mort au cœur de l'étranger
Et ne lui laissera jusques à la frontière
Rien sur le sol natal, pas même un cimetière.
Fuyez donc, ô Prussiens, légions en lambeaux,
Car vos morts resteront pour nourrir nos corbeaux.

Pendant que cette armée où Gœthe ébloui songe,
Sur la route en tronçons dispersés se prolonge,
Nos soldats en repos vont et disent joyeux
Que leur victoire est jeune et chantante comme eux.
L'honnête enivrement de leur triomphe crée
Une gaîté vaillante, une gaîté sacrée.
Le rire sur la lèvre et la lumière au front,
Les uns vibrent en chœur, d'autres dansent en rond,
Et tous ravis, pensant que la gloire est leur proie,
Ont dans leurs yeux d'enfant le soleil de la joie.
Soudain au camp français plein de fête et d'éclat
Arrivent de récents volontaires : Charlat,
Tel se nomme le plus âgé de la cohorte,

Raille l'enthousiasme où bravement s'emporte
L'armée, et d'un ton sec, arrogant et moqueur,
Pendant qu'il se dandine et fait le joli cœur,
Dit :
 « Voilà bien du bruit pour votre canonnade.
« Vous avez seulement fait une promenade,
« Fainéants, rien de plus? Les tristes travailleurs !
« Naguères j'ai pris part à des combats meilleurs,
« J'ai mieux fait mon office ; à moi seul je me flatte
« D'avoir plus que vous tous dompté l'aristocrate,
« De l'avoir écrasé sous mon pied glorieux.
« Camarades, voyez ce bras laborieux.
« Il a plus abattu de nobles et de prêtres
« Qu'il ne pousse en avril de feuilles à ces hêtres :
« Quatre jours sans compter, j'en ai tant massacré,
« Buveur inassouvi de leur sang abhorré ;
« Mes mains ont dû rougir dans la chaude tûrie.
« Voyez, admirez-les. J'ai sauvé la Patrie! »

Et, parmi ces héros qu'opprime la stupeur,
Il évoque, oubliant Paris saisi de peur
Et l'abandon fatal des tribuns en déroute,
Toute l'horreur des jours de crime et de sang, toute
La honte de la mort et de l'égorgement
Promenés dans Paris, sans qu'un cri véhément
Dit à la Mort : « Assez! » dit au Massacre : « Arrière! »

Il leur dépeint avec une fierté guerrière
Le meurtre aux yeux hagards forçant chaque prison,
Les quatre cents tueurs frénétiques, Grison,
Laforêt, derrière eux la Commune complice
Décrétant sans appel l'angoisse et le supplice
Et fixant un salaire à ces assassinats ;
Le couteau recevant sa paie en assignats
Et, pour mieux contenter la Commune obéie,
Se ruant sur la Force ou bien sur l'Abbaye,
Et partout après soi laissant des deuils affreux ;
Le tribunal sanglant où siège ténébreux
L'huissier Maillard, vêtu de noir, qui ne tressaille
Jamais; qu'on avait vu dans l'effroi de Versaille
Et qu'on ne verra plus qu'au deux juin...
        Puis il dit:
Encor (ô lâcheté de Paris interdit !
Étrange aveuglement de l'assemblée épique!),
Les prisonniers meurtris, poussés de pique en pique
Et tombant au milieu des lazzi d'égorgeurs
Qu'un Hébert ose en face appeler des vengeurs ;
Non content de tuer, un ramas cannibale
Dévoilant les blancheurs de ton corps, ô Lamballe,
Et le dernier exploit de ces gueux triomphants
Allant en plein Bicêtre éventrer des enfants,
Des pauvres et des fous, et couronnant leur tâche
Par le viol infâme après le meurtre lâche.

Charlat se tait, cherchant des suffrages flatteurs.
Aussitôt, interprète ému des auditeurs,
Un sergent, ouvrier d'hier, et presque imberbe,
Futur rival de Hoche et général en herbe,
Mais de ceux qui diront à Bonaparte : « Non ! »
S'écrie :
    « O Citoyens, voilà le compagnon
« Qu'on nous envoie ! et lui, venimeuse couleuvre,
« Se glisse et vient ici glorifier son œuvre.
« Il ose devant nous, ô frères, marier
« Un cyprès impudique à notre pur laurier.
« O le vil insensé ! comment donc peut-il croire
« Que le massacre soit parent de la victoire,
« Que le septembriseur un seul jour soit admis
« Par ceux qui n'ont versé que le sang d'ennemis
« Et ne se sont pas fait d'infâmes renommées
« Dans la destruction des foules désarmées.
« Ceux que l'on égorgea valaient bien l'étranger,
« Hélas ! mais le courage était de les juger
« Et non d'exterminer, sans procès, sans défense
« L'impuissante vieillesse et l'innocente enfance.
« Paris que je connais, moi, natif du faubourg,
« Veut, les armes en main, anéantir Cobourg,
« Habsbourg et Brandebourg et toute cette engeance,
« Mais il veut la justice et non pas la vengeance.
« Qu'il détrône un tyran, proscrive un émigré

« Et que légalement il menace à son gré,
« Soit ! mais qu'il extermine ou qu'au hasard il tue,
« Je veux bien à l'instant me changer en statue
« Si Paris patriote et père de héros
« De lui-même accomplit cette œuvre de bourreaux;
« Prêt à lancer ses fils sur le Rhin ou la Sambre,
« Il a fait le dix Août et non le deux Septembre.
« Et son cœur indigné ne s'est cru raffermi
« Que par votre triomphe, ô soldats de Valmy !
« Donc que cet assassin qui chez nous se hasarde
« Soit par nous accueilli sur l'heure à la housarde,
« A coups de plat de sabre et qu'ainsi reconduit,
« Il se perde à jamais dans l'ombre et dans la nuit. »

Tous alors d'applaudir aux paroles sacrées,
Et l'on chassa du camp l'homme aux mains empourprées.

VIII

VERGNIAUD

A M. A. BARDOUX

> La vie est complète quand on a aimé
> une fois.
> CHARLES NODIER.

I

La chambre est amoureuse et, comme un reposoir,
    Calme, mystérieuse à voir,
Pleine de fleurs, de bruits légers, d'odeurs du soir.

    C'est ici qu'il fait bon entendre
La harpe à la beauté svelte, la harpe tendre
    En soupirs langoureux s'épandre.

Le son vient d'expirer au bord du clavecin;
    La flûte dort sur un coussin;
La harpe semble attendre et frémit comme un sein.

O la pénétrante soirée !
Ils sont là, deux amants à l'haleine enivrée,
L'adoré près de l'adorée !

Elle si bonne et lui si fidèle, et s'aimant
A n'avoir en un tel moment
Qu'une harpe pour sœur de leur enchantement.

Elle qui d'un rien s'émerveille,
C'est la touchante, c'est la naïve Candeille
Aux types de Greuze pareille.

Lui s'appelle Vergniaud, être orageux et bon,
Lèvre ardente comme un charbon,
Main qui respecte un lis et qui brise un Bourbon !

Le jeune homme amoureux d'Athènes,
Dont la parole en feu, fille de Démosthènes,
Fait surgir les grands capitaines,

Fait jaillir les soldats trempés d'un triple airain
Qui s'en vont là-bas vers le Rhin
Créer des Marathon au peuple souverain.

VERGNIAUD.

Vergniaud, le rêveur magnanime,
Qui veut la République ineffable, et l'estime
    Pure de sang, vierge de crime;

Et qui contre Brunswick n'excite le tambour
    Que pour mieux convier un jour
Les vaincus à la fête auguste de l'amour,

    A la grande Sans-Culottide,
Dans un monde affranchi plus pur et plus splendide
    Que la fabuleuse Atlantide!

Prophète harmonieux du lointain avenir,
    Laisse, laisse-toi retenir,
Car celle qui sans peur ne voit jamais venir

    L'amant que menace la horde
Par l'étranger vomie et que la haine accorde,
    Gens de pillage et gens de corde;

Un Fournier, un Varlet par Cobourg soudoyés,
    Au sang de Septembre noyés,
Que la Montagne austère et sombre a reniés.

7.

Loin de ces lâches cannibales,
Des maillets, des merlins, des piques et des balles,
Et des tricoteuses brutales ;

Garde ton mieux aimé bien longtemps sur ton cœur,
O Candeille, ô maîtresse, ô sœur !
Verse à ses sens ravis la nocturne douceur.

Le jour venu, ne le renvoie
Qu'inondé d'allégresse enfantine et de joie
A ceux dont il sera la proie.

Fais-lui des souvenirs délicieux, fais-lui
Une mémoire d'aujourd'hui
Pour demain, pour le temps d'amertume et d'ennui.

O belle et bonne, tu t'inspires,
De baisers généreuse et si riche en sourires,
Cherchant d'harmonieux délires.

La harpe t'a comprise impatiente ; elle est
Comme une vierge de Milet
Mollement enlacée à tes beaux bras de lait,

Sous ton toucher elle remue
Toute l'extase en pleurs d'une langue inconnue,
Amie et confidente émue.

Écoutez ces accents romantiques, ces sons
D'ariettes et de chansons,
Airs songeurs, frais motifs, mélodiques frissons,

Où s'épanche dans la musique,
Candeille, ton amour simple et mélancolique,
Ton frais amour de bucolique.

Et la harpe aux accords pensifs vibrait encor
Que Vergniaud déploya l'essor
Lyrique et radieux de ses paroles d'or.

II

VERGNIAUD

O rêve ! elles sont deux que ma jeunesse adore,
Charmes de mes regards, fêtes de mon cerveau,
Deux êtres ingénus et purs comme l'aurore,
Et faits pour resplendir sur un monde nouveau.

La République et toi! mes vivantes délices,
Double et sacré génie! ô mes muses, mes dieux,
Pour qui j'affronterais l'acier des froids supplices
Et la morne descente à l'Érèbe oublieux.

Car superbe j'irais redire aux asphodèles
Et redire aux grands morts leurs divines faveurs,
La gloire des baisers que mon front reçut d'elles,
Et les morts m'enviraient, attentifs et rêveurs.

JULIE CANDEILLE

O rêve! il est un doux asile,
Abrité des méchants hivers,
Paisible refuge d'idylle,
La maison blanche aux volets verts.

Là nous irons, un clair dimanche,
Cueillir aux marges du ruisseau
La sentimentale pervenche,
La pervenche du bon Rousseau.

La fleur de la mélancolie
Aux regards d'azur amoureux...

On dira de moi : « C'est Julie, »
Et l'on t'appellera Saint-Preux.

VERGNIAUD

L'une si vénérable et l'autre si charmante !
Toutes deux sont ma force et toutes deux mon bien,
L'enfant républicaine aux caresses d'amante
Et l'amoureuse épique au bonnet phrygien.

O monde hélas ! captif, je veux que tu les aimes !
Je serai leur épée et leur verbe indompté,
Et je veux à leurs pieds prosterner les rois blêmes
Et briser l'échafaud, fils de la royauté.

Que le trône s'écroule et que l'échafaud tombe !
Puissé-je, des tyrans foudroyant le complot,
Ravir, comme Héraclès, aux pièges de la tombe
L'humanité plaintive, Alceste au long sanglot.

JULIE CANDEILLE

Je serais ta belle fermière,
Le printemps a de doux conseils :
O dans une agreste chaumière
Les bons sommeils, les gais réveils !

Ne vivre que pour un seul être,
Le voir, l'entendre, chaque jour,
Le respirer, n'avoir pour maître
Que ton amour, que ton amour.

Reconnaissante et langoureuse,
Parmi les rossignols, parmi
Les roses, je vivrais heureuse
Entre ma harpe et mon ami.

VERGNIAUD

Des myrtes dans mes mains, des lauriers sur nos têtes !
Le Triomphe vêtu de pourpre, aux blancs chevaux,
Nous guide, et dans la joie innocente des fêtes
La Guerre véhémente abdique ses travaux.

Plus de frontière hostile et de pacte rebelle !
Les Haines, vol sinistre, émigrent dans les airs ;
Sur sa gorge paisible et large de Cybèle
La Fédération embrasse l'univers.

Les peuples attendris échangent à la ronde
Un immense baiser dans un immense chœur.
O Gironde, ô Patrie, il n'est plus dans le monde
Qu'un souverain, l'Amour, et qu'un dieu, le Bonheur !

III

Sublime illusion ! magnifique chimère !
Jeune héros qu'attend un précoce trépas,
Demain n'est plus à toi ! non ! tu ne verras pas
    La Révolution ta mère

Confondre dans ses bras les peuples fraternels,
Jour ineffable après une furtive aurore !
Mais ton rêve, ô Vergniaud, peut refleurir encore ;
    Car les grands cœurs sont éternels.

Quand le monde affranchi retrouvera son âme,
Par les siècles futurs tu seras acclamé,
Toi si noble et si fier pour avoir tant aimé
    La République et cette femme.

V

LA PREMIÈRE FEMME DE DANTON

O rafraîchissement du cœur,
Flot vierge, flot divin que verse la douceur !

Onde ineffable et salutaire
Qu'épanchait sur le front du grand Égalitaire,

Sur le front du grand Cordelier
Une femme, pudique orgueil de son foyer.

Avez-vous vu ces fleurs discrètes
Heureuses d'embaumer les plus humbles retraites ?

Telle fut cette femme aux aveux
Sincères ; sa maison enfermait tous ses vœux ;

Elle y passa mélancolique
Ses jours cachés en paix dans une ombre mystique,

Et sans soupçonner de meilleur
Séjour que son paisible et doux intérieur.

Elle y fit fleurir autour d'elle
Les bouquets ingénus de son amour fidèle;

Elle y méditait l'art clément
De plaire à ce mari plus aimé qu'un amant

Et trouvait sans peine et sans cesse
Quelques secrets nouveaux d'indulgente tendresse.

Jamais son regard attristé
Ne retint ce Centaure au hasard emporté.

Trop pure pour être jalouse,
Elle était la vertu qui pardonne, l'épouse;

Et pour cet être au corps de feu,
Son idole, toujours elle priait son Dieu.

Ame angélique, crois et prie,
Tandis que ton absent se voue à la Patrie,

Et qu'au-devant de l'ennemi
Il darde comme un trait tout un peuple affermi,

Ou que sa parole hardie
Promène dans les clubs un vivant incendie.

Il rentre... ô le frémissement
Adorable et profond de leur embrassement

La vraiment amoureuse étreinte
Qui jette ce géant aux bras de cette sainte !

L'un pour l'autre, ils vivent. Pour eux
L'absence n'est déjà qu'un cauchemar fiévreux.

Lui, dans ses naïves ivresses,
La couvre, la revêt, la sème de caresses,

Tandis qu'elle dans ses langueurs,
Rattachant sa pensée aux prochaines rigueurs,

Toujours bonne et toujours sereine,
Lui dit tout bas : « Ami, si tu sauvais la Reine ! »

IX

LUCILE DESMOULINS

Amoureuse à l'amour docile,
Petit enfant, petit oiseau,
Cœur de mère et corps de roseau,
    Voilà Lucile !

Voilà Lucile Desmoulins,
Cette femme de tous les charmes
Dont les jours furent pleins de larmes,
    De rires pleins.

Dans le doux nid de la famille
Elle était bien gaie autrefois !
Le Dimanche elle allait au bois
    Avec Camille,

Avec son Camille étourdi
Chercher la fleur qui se dérobe,
Sans crainte de froisser sa robe
 En organdi.

Ils s'envolaient, leurs mains unies,
Par les vallons et les halliers,
Sans plus songer aux Cordeliers...
 Heures bénies !

Mais, quand l'ardent Palais-Royal
Réclamait son tribun attique,
Tu le ramenais, sympathique
 A ce signal ;

Et d'une caresse enflammée
Tu mettais en son cœur discret
L'enthousiasme qui vaincrait
 Toute une armée !

Elle aimait... L'amour est plus fort
Que les fusils et que les piques,
Plus fort que les cachots tragiques
 Et que la mort...

Pour suivre Camille plus vite
En sa printanière saison,
Elle alla dans une prison...
    Chère petite !

Pour suivre le jeune adoré,
Elle alla, victime enfantine,
Sous le fer d'une guillotine...
    J'en ai pleuré...

J'en pleure encor, mais plus stoïque,
Devant ce passé regretté,
Je dis : « Que ton nom soit fêté,
    O République ; »

République qui fis fleurir
Sous ton souffle dont je m'enivre
Ces beaux êtres charmants pour vivre,
    Fiers pour mourir ;

Maîtresse héroïque des âmes,
Qui, sous le glaive des bourreaux,
Fis plus grandes que nos héros
    Les jeunes femmes !

X

LA CRISE

A GABRIEL CHARMES

> Fatale division ! les murs en pleurent.
> ESCHYLE.

Nuit des âmes! partout l'injustice et la haine!
Les bons sont divisés entre eux, et les méchants
Cherchent à leur fureur la pâture prochaine.

Comme un duel de taureaux dans l'arène des champs,
Girondins, Montagnards se heurtent en tumulte,
Et les rauques clameurs ont remplacé les chants.

O République en fleur, qu'ont-ils fait de ton culte?
Où donc est ton aurore, où tes premiers rayons?
Celle qui te succède aujourd'hui, c'est l'Insulte;

LA CRISE.

C'est l'Insulte, activant de mortels aiguillons
Les deux partis rivaux, et qui leur insinue
Le souffle des rancœurs et des proscriptions.

La France souffre! elle est triste, indigente et nue,
Sans soldats, sans argent, sans pain, et l'ennemi
Pourrait improviser sa sinistre venue.

Des pilotes au bras faible et mal affermi
Ont fait de la Patrie un vaisseau qui chavire
Et qui déjà s'affaisse et s'engouffre à demi.

O tourmente, il est temps que ce pauvre navire
Se redresse sur l'onde et, regonflant d'espoir
Ses voiles, vers les ports de délivrance vire.

Mais de peur que soudain le vaisseau n'aille choir,
Il faut qu'au gouvernail s'installe l'Énergie,
Et qu'elle le saisisse avec un dur vouloir.

En bas sont des complots, séditieuse orgie;
En haut les Girondins aux débiles douceurs!
Sait-on où le salut douteux se réfugie?

Le groupe montagnard est hostile aux noirceurs
De ceux qui vont rêvant l'émeute et la turie
Et refuse un triomphe aux conseils oppresseurs.

La Commune elle-même hésite... La Patrie
Pourrait être arrachée à tous ces bras haineux
Qui l'étouffent dans leur fratricide furie.

Que la Convention s'échappant de ces nœuds
Fasse taire les chefs et que sur tous flamboie
Le signe impartial de l'oubli lumineux.

O grands jours d'union et de robuste joie !
Robespierre et Guadet isolés, tous suivront
Le drapeau fraternel qui sur eux se déploie.

Un vote, et tout est dit, tout est fait, et ton front
Se relève superbe, héroïque assemblée,
Sans que la violence y marque son affront.

Mais non ! la Passion, mégère échevelée,
Est la plus forte, hélas ! et ne veut plus souffrir
Que la Convention demeure inviolée.

Car le grand nombre oscille et ne sait pas guérir
Par le plus pacifique et le plus doux remède
Le mal de ces partis obstinés à mourir.

Jacobins que l'envie irritable possède,
Girondins fascinés par d'odieux soupçons,
Veulent qu'à leur chimère implacable tout cède.

En vain Danton, avec de généreux frissons,
Conjure l'avenir gros de longue souffrance
Et d'une voix tonnante édicte des leçons.

En vain Vergniaud, navré par la désespérance,
Dans un suprême élan de cygne harmonieux,
Dit : « Jetez-nous au gouffre et qu'on sauve la France ! »

Les deux camps acharnés redoublent sous nos yeux :
Le péril chaque jour s'agrandit et s'aggrave ;
Le vaisseau penche au gré des vents plus furieux.

Puis en bas on entend gronder le vieil esclave,
De victoire encor plus affamé que de pain,
Le peuple impatient que la discorde entrave.

Ce mâle contempteur du froid et de la faim
Se résigne et longtemps fuit l'appel à la lutte
Et proteste, indocile aux gens de coup de main.

Cinq sections à peine ont décrété la chute
Des Girondins : il faut de multiples défis
Pour qu'un ordre illégal brusquement s'exécute.

Imprudents Girondins ! leurs arguments bouffis
Couvrent les muscadins rebelles à l'armée
Et leur molle pitié s'étend sur ces beaux fils.

Sous prétexte d'aider la faiblesse opprimée,
Ils n'exigeront pas le blé, jamais l'argent.
O France de Valmy, tu serais désarmée !

Agir ! au lieu d'agir en ce péril urgent
Ils ne font que parler… La prompte calomnie
Puise dans leurs discours un venin diligent.

Beaucoup sont des héros. Le peuple irrité nie
Leur courage. Ils sont tous d'excellents citoyens :
On les croit pactisant avec la tyrannie.

Allant au but, ils ont erré sur les moyens ;
Avec la République il eût mieux valu vivre
Que d'imiter les morts des purs stoïciens.

Si le salut commun déconseillait de suivre
Ces faibles conducteurs d'un grand peuple en danger
Que son péril ainsi qu'un vin trop fort enivre.

Si pour vaincre l'Europe et briser l'étranger,
Leur main en cette crise était trop paternelle :
S'il fallait à la France un plus rude berger,

Qu'ils emportent au moins cette gloire éternelle
Dans leur renversement peut-être mérité,
D'être morts obstinés à ta foi solennelle,

Déesse de Caton, chaste Légalité !

XI

L'ABBÉ GRÉGOIRE

A ALCIDE DUSOLIER

> *Restitit. Hi mores, hæc duri immota Catonis*
> *Secta.*
> LUCAIN.

La Révolution pour laquelle il milite
L'a surpris fier et seul et droit comme un stylite
Sur les graves débris de Port-Royal ! Il vient,
Tel qu'un ressuscité qui songe et se souvient,
Contre les destructeurs venger son abbaye
Et, calme justicier d'une race haïe,
Prendre pour en frapper le suprême tyran
Le glaive janséniste aux mains de Saint-Cyran.
On le voit, assuré dans sa double promesse,
Servir la République et célébrer la messe,
Front haut devant l'émeute, à genoux devant Dieu,
Et, lorsque l'Hébertisme armé d'un dur épieu

Arrache la croyance à plus d'un cœur débile,
Sous le coup suspendu demeurer immobile.
Gardant toujours la mitre et l'anneau du pasteur
Il siège à la Montagne et parle en novateur
Qui renversera tout, hormis Jésus, et vote,
Comme une âme à la fois Jacobine et dévote,
Se dénonçant évêque et restant jusqu'au bout
Isolé, menacé, mais sans peur et debout.

XII

31 MAI — 2 JUIN

A ARMAND RENAUD

> *Bono vinci satius est quam malo more imperium vincere.*
> SALLUSTE.

Pauvre Gironde! Isnard, prophète de malheur,
A brandi sur Paris des phrases meurtrières
Et Paris a trop cru ce sinistre parleur.

Déserts sont les marchés, closes sont les barrières.
Les sauvages clameurs et les murmures sourds
Alternent : les bourgeois ont peur! les ouvrières

Vont criant la révolte en battant des tambours
Et, sans dessein conçu, crédule et soupçonneuse,
La vague violence envahit les faubourgs.

Dans l'ombre cependant une bande hargneuse
Exulte en admirant le discord agrandi
Et voit avec bonheur le gouffre qui se creuse.

Cette bande où le gueux se mêle à l'étourdi
Est depuis trop longtemps dans l'Évêché postée
Et guette un jour propice au forfait enhardi.

Hâtant des Girondins la chute convoitée,
Elle a déjà deux fois échoué; mais le sol
Parisien lui rend une force d'Antée.

Car, malgré la Montagne hésitante en son vol,
Malgré les Jacobins prudents elle persiste
A destiner aux lois un funèbre viol.

Bande étrange! Marat lui-même perd la piste
De ces nouveaux venus, sans-culottes bravi,
Dont plus d'un en secret sans doute est royaliste;

Presque tous étrangers! cet être inassouvi,
C'est Guzman l'Espagnol; c'est Fournier le créole,
Un planteur par des cris de nègre poursuivi;

Puis c'est Maillard sanglant que le meurtre auréole ;
Varlet, un vil gamin irrité de désirs ;
Ces mains vont déchaîner les tourmentes d'Éole.

Le peuple doute ! il sent déjà les repentirs
Qui s'attachent fatals à toute œuvre mauvaise
Et craint obscurément de faire des martyrs.

En ce fiévreux moment Marat lui-même apaise ;
Robespierre rebrousse effrayé... mais Isnard
Vient jeter un brandon dans la grande fournaise :

La fournaise bouillonne et saute... il est trop tard.
Paris déborde ! avec Paris, hélas ! en tête
S'élancent les nouveaux Chevaliers du poignard,

Les gens de l'Évêché qui courent à leur fête,
Pareils aux naufrageurs dont le bras inhumain
Harponnait les débris lancés par la tempête.

La foule ondule errante, en son douteux chemin
Indécise, mais eux, parmi la populace,
Jettent les assignats et l'or à pleine main.

31 MAI — 2 JUIN.

Une horde vénale aboyant sur la place
Assiège l'Assemblée et braque des canons
Vers la Convention que le péril enlace.

Si la garde civique au loin tient ses pennons
Fidèles, si Paris devant la Loi recule,
Le Carrousel est plein de sombres compagnons

Que guide un général aux allures d'Hercule,
Fameux par ses exploits chez tous les taverniers,
Un Hanriot ignoble autant que ridicule.

Car si nos députés par lui seul prisonniers
Se montrent, cet ivrogne en épaulettes crie :
« A vos pièces, amis! aux mèches, canonniers. »

La bataille est livrée. O deuil de la Patrie!
Honte! morne torpeur des Montagnards confus
Qui sentent l'Assemblée à tout jamais meurtrie.

Danton s'offre en otage et malgré les refus
S'offre encor! il comprend, le géant pacifique,
Qu'avec la Loi qui meurt la Liberté n'est plus!

31 MAI — 2 JUIN.

Voici la guerre hélas! juste mais incivique
Où la province perd ses tribuns épargnés
Et que le Royalisme insidieux complique;

Voici les échafauds du plus pur sang baignés
Et, par ce coup d'État qu'achève un victimaire,
Nos espoirs d'être égaux et libres ruinés.

Car toujours les Deux Juin font les Dix-huit Brumaire!

III

LA RUE

I

ANACHARSIS CLOOTS

A ANDRÉ LEFÈVRE

> Le livre dure ; il rétablit le dialogue
> des siècles entre eux.
> CHARLES LENIENT.

Anacharsis allait devant lui, dans l'extase
De ces pieux songeurs que leur idole écrase ;
Tendant à la nature une lèvre d'amour,
Il humait largement l'été, l'azur, le jour
Et le puissant soleil dont notre corps est ivre.

Cependant Prairial flambait, heureux de vivre,
Et des parents chantaient la Carmagnole, avec
Ce grand rire effréné qu'aimait le peuple grec ;
D'agiles trains de bois fendaient gaîment la Seine,
Et, plein de cabarets jaseurs, le Cours la Reine
Regorgeait de chansons, de rondes et de jeux.

Anacharsis errait ravi ; cet orageux
Apôtre, cette ardente et nerveuse Pythie
Se baignait dans un beau fleuve de sympathie
Et librement flottait au gré de ce courant
Comme un de ces nageurs familiers au torrent.

Il rêvait : tous ces pas lestes vers la barrière,
Ces bons yeux d'ouvrier tendres à l'ouvrière,
Ces jeunes qui partout cédaient la place aux vieux,
Et la franche gaîté planant dans l'air joyeux
Lui présageaient, plus loin que les Champs-Élysées,
Des jours futurs, éclos sous d'aimantes rosées,
Plus bleus que dans l'éther du vague Séraphin,
Où, le monde n'étant qu'une patrie, enfin
Les hommes ne seraient qu'une famille...
       O rêve !
Quand soudain ce songeur fait de flamme et de sève,
Aperçut isolés dans les groupes joueurs
Et le front inondé de vaillantes sueurs
Deux enfants en haillons qui s'enseignaient à lire.
Anacharsis ému frémit comme une lyre
Et secoué vibra tel qu'un psaltérion.
Tout son être chantait : « O Révolution !
« O Révolution ! sois adorée, ô mère
« De ces bambins pareils à ces héros d'Homère
« Qui, nés pour être un jour les hommes du péril

« Et du travail, se font eux-mêmes leur outil
« Et forgent de leurs mains l'indestructible armure.
« O petits plébéiens ! courage ! L'heure est mûre,
« Lisez, lisez encor ! car vous avez compris
« Que plus forts sont les bras où forts sont les esprits
« Et que le seul vainqueur qui pour jamais délivre
« Ce n'est pas Westermann ou Kléber, c'est le Livre. »

Et Cloots, pour s'alléger de pensers étouffants
Alla, simple et superbe, embrasser ces enfants.

II

REGRETS D'UN CI-DEVANT

Le monde est à son déclin !
Quitter pour cette gueusaille
Mon pauvre habit zinzolin !

Lorsque vint monsieur Franklin,
Je le portais à Versaille ;
Le monde est à son déclin.

Cher au petit dieu malin,
Il allait en maraudaille,
Mon pauvre habit zinzolin !

Adieu ! car Paris est plein
De rumeurs dont je tressaille ;
Le monde est à son déclin.

REGRETS D'UN CI-DEVANT.

Au club où règne Merlin,
Contre nos modes on braille;
Mon pauvre habit zinzolin!

Or je ne suis pas enclin
A livrer seul la bataille;
Le monde est à son déclin.

J'arbore le gris de lin
Et la couleur de muraille.
Mon pauvre habit zinzolin!

ENVOI

C'en est fait, drelin, drelin,
La toilette s'encanaille,
Le monde est à son déclin :
Mon pauvre habit zinzolin!

III

LA CEINTURE

A FRANÇOIS FERTIAULT

Foin des ci-devant mijaurées,
Foin des femmes de chancelier !
Avec ces pimbêches sucrées
Jamais un digne Cordelier
Ne devrait se mésallier :
Une ceinture que j'adore
Ailleurs a mieux su me lier...
Chère ceinture tricolore !

Aux Porcherons, dans ces soirées
Où l'amour se fait oiselier,
Entre deux filles bien cambrées,
Je l'entrevis sans l'oublier,

LA CEINTURE.

Comme une fleur dans un hallier ;
Mais elle n'avait pas encore
Son attrait le plus cavalier.
Chère ceinture tricolore !

C'est que, dans nos luttes sacrées,
Je la vis se multiplier,
Parmi les braves fédérées,
Donnant un bon coup de collier
Comme dans un jeu familier ;
Et ce ruban qui la décore
Semblait sur elle flamboyer.
Chère ceinture tricolore !

ENVOI

C'est fait, il faut s'humilier
Devant le signe qu'elle arbore !
Je l'aime comme un écolier.
Chère ceinture tricolore !

IV

RENCONTRE DE LA CONVENTION

ET DU BOURREAU

(21 janvier 1793.)

Par un jour du froid Pluviose,
Quand le soleil prématuré
Sur Paris qui s'étonne pose
Un rayon d'or mal assuré,

Le long des vertes Tuileries
Où se pressent, ouvrant les yeux,
Sous les ombreuses galeries
Les Sans-Culottes soucieux,

Et devers ces Champs-Élysées
Où paraderont en tout temps
Les voitures fleurdelysées
Des impures et des traitants

Défile, pompe inattendue,
Imposante procession,
La Convention épandue
Hors de son antre de lion.

C'est ce grand cortège sincère
Qui vient, le bonnet rouge au front,
Proclamer un anniversaire
Dont tous les rois tressailleront.

Ce rude sénat solennise
Dans sa formidable âpreté,
Ainsi qu'en ses fastes Venise,
La fête du Décapité;

Et, drapant la mort de sa toge,
Vient contempler ce lieu d'effroi
Où la hache fatale au doge
Fut implacable au dernier roi.

Sur la place où sert de vigie
Ce mortuaire souvenir,
Sur la place de sang rougie
Tous sont jaloux de revenir

Pour que leur serment unanime,
A tous les échos dénoncé,
Consacre, où tomba la victime,
L'immolation du passé.

Ils s'en vont ainsi, l'âme emplie
Des fiers pensers du citoyen :
Le commun devoir concilie
La Réveillère et Tallien,

Et l'on voit sur la même ligne,
Rapprochés par leur passion,
Merlin que Mayence désigne
Et Collot que note Lyon.

Mais à la troupe enthousiaste
Voici qu'au sortir du jardin,
Ainsi qu'un augure néfaste,
Éclate un spectacle soudain.

La charrette était à demeure
Près du triste et sanglant tréteau ;
La guillotine attendait l'heure
De désaltérer son couteau.

Tous alors, sauf Carrier de Nantes,
Tous sentirent à cet abord
Des émotions frissonnantes
Percer leur cœur qu'ils croyaient fort;

Car, tel qu'un héros que désarme
Une main d'enfant à moitié,
Le cœur se rompait sous le charme
De l'attendrissante pitié.

Ces indomptables se troublèrent
Et, malgré leur rigide orgueil,
Spontanément ils reculèrent
Devant cette approche du deuil,

Et, brusquant la cérémonie,
Sous les marbres, par les massifs,
Comme hantés d'une agonie,
Ils se dispersèrent pensifs.

V

L'HIVER

Le peuple a faim !

                Géant morne que rien n'abat,
Il lutte ! à la disette il livre un dur combat
Et pied à pied résiste à l'hostile famine ;
Mais le fléau tenace et le mal qui le mine
Ce n'est pas le besoin dévorant, c'est l'horreur
De suspecter partout l'atroce accapareur
Mystérieux, rapide et froid comme un reptile,
Ourdissant les réseaux de sa trame subtile
Et laissant sur ses pas hurler le désespoir,
Tandis que le moulin, allié du manoir,
Chôme pour Westermann et pour Stofflet travaille ;
Que le vieux paysan dérobe sous la paille
Les grains, et d'un seul geste éloigne les batteurs,
Et qu'au secret appel des curés tentateurs

Les femmes que l'enfer affole, les aïeules
Fanatiques aux rats livrent l'espoir des meules
Tout en disant au bon Jésus leur chapelet.

Les riches sont toujours les rois... plus d'un valet
Qu'un nom grec ou romain d'officieux déguise
Chaque soir au marché fait pleuvoir à sa guise
Les assignats; devant la foule à l'œil ardent,
Famélique, plus d'un émissaire impudent
Sort, chargeant un quartier de bœuf sur son épaule
Et parfois écartant les gens à coups de gaule.
Trop souvent les soldats complices du larcin
Secondent à prix d'or ce trafic assassin,
Et, lançant leurs chevaux au galop, des gendarmes,
Parmi les chocs, les cris, les chutes et les larmes,
Protègent dans sa fuite un lâche ravisseur.
Que de crimes la nuit voile en son épaisseur,
Quand tout un peuple à jeun sous les ombres nocturnes
Attend, par flots pressés, en files taciturnes,
La maigre nourriture enviée à son corps.
Ce n'est d'abord qu'un bruit épars; des cris discords
Éclatent tout à coup, quand la foule se rue
Dans la salle aux étroits couloirs.....

       Ah! cette rue
Qu'elle est lugubre avec tous ces êtres rangés,

Pensifs, guettant leur tour au seuil des boulangers,
Fronts blêmes sur lesquels luira la rose aurore.
Hier ils attendaient, ils attendront encore
Demain, à cette place inquiets et béants,
Mêlant tantôt leur voix au rhythme des ahans,
Tantôt silencieux, retenant leurs pensées
Par tous les maux soufferts longuement angoissées.
Que de femmes en noir, un enfant à la main!
Combien, se rencontrant par le même chemin,
D'une caste rivale, et que la destinée
Rapproche et réunit d'une étreinte acharnée
Dans la communauté soudaine du malheur.
Bientôt tout se confond, plainte, accent querelleur,
Et la prière avec le juron fraternise,
Jusqu'à l'heure tardive où la nuit agonise.

Alors pour pénétrer quel véhément effort!
Parfois le faible hélas! est écrasé du fort
Et la vague lueur des pâles réverbères
Éclaire le visage en pleurs des jeunes mères.
Comme ils souffrent! mais comme ils sont fiers et vainqueurs,
Ces affamés! Le froid n'endurcit pas leurs cœurs :
La faim n'a fait jamais taire leur conscience.
Héros de la misère, ils sont dans leur vaillance
La race inaccessible aux conseils des suppôts
De pillage, et, le soir tombant, près des dépôts

Où partout l'abondance est emmagasinée,
Ils passent, le front haut et l'âme résignée,
Honnêtes et contents de leur morceau de pain,
Et cependant le peuple a froid, le peuple a faim!

VI

DANTON AU CIMETIÈRE

A M. AUGUSTE BARBIER

La femme de Danton, douce même à la mort,
    Paisible elle s'est endormie
Comme un lac par un soir sans brise ou dans un port
    Une voile en pleine accalmie.

Quoi ! cette âme, la joie aimante du foyer,
    Sous une pierre glaciale !
Le matin ne vient plus allègre l'éveiller
    En son alcôve nuptiale.

Et souvent le tribun, sanglotant et hurlant
    Dans sa demeure solitaire
Pense à cet être jeune et doux et consolant,
    A ce grand bonheur sous la terre.

Or l'amour de Danton, tel qu'un de ces flambeaux
    Qui veillent sur les mers profondes,
N'est pas fait pour s'éteindre au souffle des tombeaux
    Avec les chères moribondes.

Mais, comme le grand phare, œil vigilant des flots,
    Il garde ses lueurs croissantes,
Inviolable aux froids oublis, aux noirs complots
    Des ténèbres envahissantes.

Sept jours ont disparu depuis que cette enfant
    Qui fut la moitié d'un génie
Brisa par son départ ce pauvre cœur que fend
    La blessure d'une agonie;

Sept jours depuis que loin de ces baisers puissants
    Où toute une nature altière
Pêle-mêle fondait son âme avec ses sens,
    Elle appartient au cimetière.

Mais Danton est jaloux du cimetière! Ainsi
    Qu'un rival dans sa haine forte
Il voudrait un moment vaincre et mettre à merci
    Ce triste gardien de la morte.

Attendre ! il ne peut plus attendre. Le voilà
    A bas de ce lit où se roule
Son désespoir, courant sans craindre le holà,
    A travers les flots de la foule,

Oui ! courant comme un fou, comme un fou se parlant
    Avec des phrases saccadées,
L'oreille close au bruit des masses ondulant
    Comme à la rumeur des idées ;

Laissant sa place vide à la Convention,
    Oublieux des luttes mouvantes,
Insoucieux de Cloots, d'Hébert, de Pétion,
    Et mort pour les choses vivantes ;

Mais vivant pour la morte et fébrile et nerveux
    Lorsque de son geste sincère
Près de la tombe aimée, il s'écria : « Je veux,
    O fossoyeurs, qu'on la déterre !

Elle ! je veux la voir telle qu'un jour de deuil
    L'enferma dans la bière infâme ;
Car c'est mon bien à moi que cache ce cercueil,
    Car ce cadavre, c'est ma femme ! »

Et la poussière vole, et les bêches d'aller,
    Tandis que, la gorge oppressée,
L'œil en feu, le tribun se plait à stimuler
    Le délire de sa pensée.

Un cri! le cercueil s'ouvre et la voici! Soudain,
    Maître de son bonheur suprême,
Ainsi qu'un exilé rentrant dans un Éden,
    Il la voit, il la touche, il l'aime!

Sous ses voiles sacrés, anxieux, haletant,
    Il cherche ce corps qui fut Elle,
Cette chair qui lui fut si familière, autant
    Que l'est une chose jumelle.

Tout est à lui! Ce corps, il le serre, il l'étreint
    Sur sa poitrine bondissante
Avec ces long baisers qu'un être faible craint,
    Car il faut bien qu'Elle le sente!

Si la caresse en feu pouvait ressusciter,
    Comme une plante que ranime
Le soleil, et qu'on voit lentement palpiter,
    Tu renaîtrais, douce victime.

La lèvre est impuissante hélas ! et, dans ces bras
  Tendres et vigoureux, pressée,
Tu ne vibreras point et ne sentiras pas
  L'existence recommencée.

Mais lui, buvant son rêve à flots, et tout le jour
  A genoux devant Elle nue,
Il inonda son cœur de ce stérile amour
  Et s'enivra de cette vue ;

Puis de nouveau le soir il lui fallut songer
  A rendre au sépulcre sa proie,
A revoir ce cher corps dans l'ombre se plonger...
  Oui ! mais il emporte une joie.

Il retient avec lui ce bonheur douloureux
  Sans qui le cœur s'affaisse et tombe,
Et dans la solitude il se retrouve heureux
  De ce rendez-vous sur la tombe.

VII

COQUETTERIES DE GERMINAL

A HENRI DE BORNIER

O guipures, ô fanfreluches,
Ganses et pompons, ô toquets,
Aristocratiques embûches,
Gloire des frêles afliquets !

Ainsi votre empire persiste,
Riens légers au charme coquin,
La mode reste royaliste,
Quand l'État est républicain ;

Car les irrésistibles belles
Arborent sous des airs mignards
Des toilettes vraiment rebelles
A la Sparte des Montagnards.

Une coquette manigance
Les multiplie, essaims flottants,
Volontaires de l'élégance,
Levée en masse du printemps.

Pas une qui ne se promène,
Insigne par l'attrait païen
D'une parure à la romaine
Qui couvre mal et qui sied bien.

Dans sa calèche provocante
Lise a la vague nudité
D'une insoucieuse bacchante,
Orgueil dansant des soirs d'été ;

Et la Louison, embellie
Par des atours grecs, vient poser
Pour une érotique Délie
Qu'a ressuscitée un baiser.

Tant leurs épaules engageantes
S'épanouissent au ciel clair.
Tant sous leurs robes indulgentes
Se modèle leur blanche chair.

La guirlande civique honore
La tête aux cheveux contenus
De Sophie ou d'Éléonore ;
Leurs bras d'Hébé, leurs bras sont nus.

Telles, le thyrse en main, ces jeunes
Ménades du frais Germinal,
Comme pour rompre de longs jeûnes,
Vont en costume original ;

Et le plaisir, fils de la vogue,
Les mène ouïr quelque ténor
Ou quelque attendrissante églogue
Ou les pots pourris de Fodor ;

Ou cet air amoureux et triste
Qu'avec un manège accompli
Lamente un grêle guitariste,
Dominique Lamparelli !

VIII

L'IDYLLE JACOBINE

A AUGUSTIN CHALLAMEL

Dans la poudre du soir et dans l'or du couchant
Le Cours la Reine rit aux lentes promenades :
A la Seine dont l'eau bruit comme un doux chant
Mille oiseaux familiers mêlent leurs sérénades
Dans la poudre du soir et dans l'or du couchant.

De paisibles buveurs s'attardent sous les treilles
Et des joueurs de boule échangent des propos
Malins ; de bons vieillards s'en vont avec leurs vieilles
En devisant le pied faible et le cœur dispos.
De paisibles buveurs s'attardent sous les treilles.

Parmi cette placide églogue de l'été
Cheminent, enivrés et les regards humides
Et bercés par l'air tiède et l'errante gaieté,
Deux amoureux toujours graves, parfois timides,
Parmi cette placide églogue de l'été.

Bénissant cet espoir de leur plus franc sourire,
Des parents vénérés suivent à quelques pas
Les jeunes gens qui l'âme en fleur semblent se dire
Ces mots sacrés du cœur qu'on achève tout bas,
O bénédiction de l'honnête sourire !

Sous le soleil mourant ils vont les fiancés
Et par moments leur sein agité se soulève ;
C'est que, dans le furtif éclair de leurs pensers,
Vaguement ils ont vu glisser l'aile d'un rêve.
Sous le soleil mourant ils vont les fiancés.

L'avenir leur déroule en longues perspectives
Le roman conjugal que suggère Rousseau,
D'Émile et de Sophie effusions naïves,
Vie et travail à deux auprès d'un blanc berceau.
L'avenir se déroule en longues perspectives.

C'est qu'on croit à la vie, au mois de Messidor,
Tout est lumière, tout est parfum, tout est flamme.
Comme l'être élargi prend un lointain essor !
Que l'avenir est grand dans les yeux d'une femme !
Car l'on croit à la vie au mois de Messidor.

IX

ANAXAGORAS CHAUMETTE

Grêle dominateur d'un vivant tourbillon,
Il y jetait, comme un semeur dans le sillon,
Un mélange imprévu d'homélie et d'églogue;
Ses lyriques accès contre les noirs tyrans
S'achevaient d'ordinaire en hymne aux bons parents
Et ses fureurs étaient d'un Berquin démagogue.

Suspect aux tape-dur, raillé des ci-devant,
Chéri du menu peuple, il semblait bien souvent
Celui qui se courrouce et celui qui s'indigne;
Le vol du dithyrambe emportait son sermon,
Quand, tel qu'un prédicant sur les fils du Démon,
Il tonnait sur l'engeance adonnée à la vigne.

Et comme il foudroyait les brelans et le jeu !
Homme terrible ! allons l'entendre aux Filles-Dieu
Prêchant, catéchisant et confessant la foule.
Il y traîne Paris ouvrier chaque soir
Et seul, de groupe en groupe, et sans jamais s'asseoir,
Il va, tel qu'un charmeur écouté d'une houle.

C'est là qu'il faut l'ouïr, tançant les muscadins,
Intentant sans relâche aux fleurs de nos jardins
Un procès qu'on tolère en ces jours de famine,
Plaidant pour l'indigent, le vieillard, l'écolier,
Et salué de tous oracle familier,
Malgré ses cheveux plats et sa chétive mine.

X

LES ENRAGÉS

Fiévreux et turbulents, ils sont nés de l'orage :
L'âme de ce parti convulsif c'est la rage ;
Un taon cruel les pique et semble harceler
Leur envie incessante et folle de brûler,
De briser, de piller, d'incarcérer, de pendre.
Leur bande est implacable à l'opulence, et tendre
Pour les hâves douleurs du peuple besacier.
Si Crésus leur paraît bon à supplicier,
Leur haine n'est au fond que l'amour de Lazare.
Ils s'en vont par les clubs en costume bizarre
Crier sur tous les toits ! « Mort à l'agioteur ! »
Ils comptent maint séide et plus d'un orateur,
Tous gens de coups de mains : car dans leurs philippiques
On entend résonner au loin le bruit des piques,
Le tocsin de Septembre et le choc des sabots
Et le sourd grondement d'un faubourg en lambeaux.

Êtres à double face ils sont des philantropes
Et des tueurs. Leurs yeux hagards sur les échoppes
Malsaines, sur les froids greniers et les taudis
Se posent en rêvant de vagues paradis,
Et ces mêmes rêveurs par des cris frénétiques
Consternent les bourgeois blêmes dans leurs boutiques.
Gare à vous, muscadins, belles en falbalas !

Donc à la Grenouillère, au port Saint-Nicolas,
Ils donnent le signal de l'émeute affamée ;
Imposant aux marchands une contrainte armée,
Ils décrètent avant la loi le Maximum.
Toujours les Gravilliers leur servent de Forum
Et parfois, complaisants à leur fauve furie,
Les fougueux Cordeliers ouvrent une curie.
C'est là qu'il fait bon voir nos chefs des Enragés,
Sincères la plupart, quelques-uns étrangers
Et très douteux, hurler pour qu'enfin l'on égorge
La Gironde, et soudain d'un ton de rouge-gorge
Soupirer la douceur des longs banquets légaux
Où tous en s'embrassant se connaîtront égaux.
Puis il demanderont que la France extermine
La Misère et sa sœur atroce, la Famine.
Ils sont alors la voix d'un peuple...
                                        Le courroux
De Paris à jeun vit au cœur de Jacques Roux

Et vibre hautement sur sa lèvre irritée.
Oh ! la Convention recule épouvantée
Le jour de Prairial où ce prêtre-tribun
Hautain, sinistre et tel que l'on rêve le Hun
Vainqueur, sembla dicter à l'assemblée auguste
Comme un verbe inconnu l'injonction du juste
Et commander en face à tous ces fiers lions
D'abaisser leurs regards sur la foule en haillons
Et de les détourner un moment de l'Autriche
Pour en fixer l'éclair terrible sur le riche.
Le riche ! pour Lacombe et Roux c'est l'ennemi
Et la Convention équitable a frémi.
Car elle a reconnu dans ces plaintes aigries
L'accent avant-coureur des rauques Jacqueries
Et ne voudra jamais pour le monde nouveau
De cette égalité sous un sanglant niveau.
L'universelle horreur dans un long cri s'atteste ;
Mais Jacques Roux, le front chargé de dédain, reste
Impassible, et le soir dans le club atterré
Se déchaîne, comme un lutteur exaspéré :
Libre, il ne se taira qu'au jour où sur sa liste
Le bourreau marquera l'indomptable anarchiste,
Sans étouffer au cœur du peuple mécontent
Ces clameurs de la faim que la colère entend !

XI

LE PALAIS-ROYAL

(1794)

A THÉODORE DE BANVILLE

I

Délires et furies !
Les longues galeries
Sont le séjour vivant
   D'un ci-devant.

Roi qui jamais n'abdique,
Le Plaisir impudique
Au palais brillanté
   D'Égalité

Superbement flamboie,
Promenant sur la proie

De ses mille sujets
　　Ses yeux de jais,

Ici tout est tumulte ;
La chanson et l'insulte,
Les baisers et les jeux
　　Sont orageux.

Comme en une tourmente
La foule véhémente
Choque et brise en tout sens
　　Ses flots puissants.

II

Etrange pêle-mêle ;
Le Jacobin grommèle,
Heurtant les plus badins
　　Des muscadins.

On complote, ou conspire ;
La Terreur même expire
Impuissante devant
　　Ce décevant,

Ce vague labyrinthe
Où pullule sans crainte
Un peuple d'émigrés
 Très rassurés.

Réfractaires du culte,
Chouans d'allure occulte,
Agents des étrangers
 Vont protégés

Par l'infini dédale
Qui s'est fait du scandale,
Du crime et du malheur
 Le recéleur.

Et que d'abris ! tavernes,
Couloirs, sombres cavernes,
Près des cafés voisins,
 Des magasins,

Mansardes par centaines,
Et maisons incertaines
Gardant les Adonis
 Des fleurs de lis.

Les bassins où les cygnes
Nagent en longues lignes
Sont frôlés des menteurs
 Agioteurs.

Patients ils attendent
Quelque naïf et tendent
En bonnets de renard
 Leur traquenard;

Tandis que maint clubiste
Pour pérorer insiste
Dans le cirque où prêchait
 L'abbé Fauchet.

III

Provinciaux novices,
Garde à vous! tous les vices
Dont l'essaim fol s'ébat
 Tiennent sabbat.

Le Jeu, le Jeu vous hèle;
Sa voix perçante et grêle

Parmi le bacchanal
　Jette un signal.

Chez la Saint-Amarante
La ruine atterrante
Entre les falbalas
　Et les galas,

Au brelan comme à l'hombre,
Sur des joueurs sans nombre
Aveuglés du combat
　Fond et s'abat.

IV

Sous ces chaudes arcades
Voyez par cavalcades
Galoper nuit et jour
　Filles d'amour,

Ces filles harnachées,
Pompeuses, panachées,
Parmi des ondoiments
　D'ajustements,

Faisant tout autour d'elles
Tourbillonner dentelles
Et gazes et linons,
   Lutins mignons,

Odorantes poupées
Ou géantes drapées
A d'exigeants larcins
   Offrant leurs seins.

Sous l'ample toison blonde,
Si l'œil se dévergonde,
Leur pas est solennel
   D'orgueil charnel.

Car la débauche attire
Tout un peuple satyre
Qui sait par cœur les noms
   De ces Manons.

C'est Saint-Foix, c'est Lolotte,
Huberti qu'on dorlote
Et le rire enjoué
   De Denoué.

C'est Boston qui se dore,
Fanchon et Théodore,
Et, tendre à Cupido,
   La Rolando.

O Vénus Pandémie,
Maîtresse d'infamie,
Tes troupeaux de Phrynés
   Sont déchaînés,

Et leur fureur se rue
Sur l'errante cohue
Et déclare aux passants
   L'assaut des sens.

V

Dans ce vaste repaire
Où le Jeu s'exaspère,
Où l'Impudeur bondit,
   Trois fois maudit,

Parfois vers le ciel trouble
S'élance et se redouble

En un rapide essor
　Le son du cor,

Fanfare fugitive
Qui pour l'âme captive
Évoque en un moment
　L'enchantement

D'une verte clairière,
Diane chaste et fière
Et les plus frais matins
　Des bois lointains.

IV

LA CHUTE DES GIRONDINS

I

LA FUITE

A EUGÈNE MANUEL

> Vous avez chassé les meilleurs.
> *Satire Ménippée.*

Ils s'en vont, les proscrits antiques,
Par les champs pleins de trahisons,
Sous l'inclémence des saisons,
Chantant des airs patriotiques.

Le hasard douteux les conduit
Et la mort s'attache à leur piste.
Dénoncés par le soleil triste,
Ils sont épiés par la nuit.

Le ciel brumeux, le sol acerbe,
Tout conspire et s'arme contre eux ;
Et pourtant qu'ils seraient heureux
Pour un peu d'eau, pour un peu d'herbe !

Heureux si, dans un champ de blé,
Par les méridiennes lourdes
Ou sous la fraîcheur des nuits sourdes
Leur sommeil n'était point troublé ;

Et si les arbres pacifiques
Épaississaient hospitaliers
Sur leurs fronts aimés des lauriers
De larges feuillages civiques !

Heureux si quelque toit béni
Offrait à leur fortune amère
Le hasard d'un charme éphémère
Et la chaude douceur d'un nid.

Mais toujours l'exil recommence,
Encor plus âpre qu'au début,
Sans espoir, sans fin et sans but,
A travers l'étendue immense !

II

LA BARQUE

A ALBERT MÉRAT

Ils sont partis neuf de Quimper ;
Ainsi qu'un enfant libre et fier
    Leur barque glisse.
Laissez-vous bercer par la mer :
La mer sera bonne nourrice.
Ils sont partis neuf de Quimper.

L'azur sourit à l'accalmie ;
La vague a fait comme une amie
    Taire ses cris :
La grande mer s'est endormie
Pour être douce aux neuf proscrits.
L'azur sourit à l'accalmie.

Ils s'estiment victorieux;
L'espérance au vol glorieux
    Les fait revivre;
C'est la joie immense des dieux
Qui les emplit et les enivre.
Ils s'estiment victorieux.

L'attente du combat les sèvre;
Leur cœur tumultueux s'enfièvre;
    Leur chant grandit;
La Marseillaise sur leur lèvre
Comme un oiseau géant bondit.
L'attente du combat les sèvre.

Le péril cède à leur dédain.
Qu'ils touchent le sol girondin,
    Terre féconde,
Et ces proscrits croiront soudain
Avoir conquis la paix du monde.
Le péril cède à leur dédain.

Voici leur rêve de lumière,
Bordeaux, la cité familière...
    Salut au port!

LA BARQUE. 151

Couronnez-vous d'ache et de lierre,
Pauvres héros qu'attend la mort,
Voici leur rêve de lumière.

Ils sont partis neuf de Quimper.
Ainsi qu'un enfant libre et fier,
  Leur barque glisse.
Laissez-vous bercer par la mer ;
La mer sera bonne nourrice,
Ils sont partis neuf de Quimper.

III

IMPAVIDOS

A ANDRÉ THEURIET

Ils sont calmes les exilés,
Quoique leur pauvre âme flétrie
Porte en ses replis désolés
Le deuil récent de la Patrie,

Que leurs regards soient attristés
Par l'image de cette Mère
Pleurant ses brèves libertés
Comme un vol hâtif de Chimère ;

Et que leurs cerveaux dévorants
Roulent la revanche rêvée,
La revanche sur les tyrans
Que l'avenir s'est réservée.

Cependant d'un geste grossier
Un municipal les coudoie ;
Un maire aux besicles d'acier
Flaire et lâche à peine sa proie.

Un aubergiste délateur
Que le prix du sang émerveille
Les suit d'un sourcil scrutateur
Et, s'ils chuchotent, tend l'oreille.

Des amis ont foulé leur cœur
Comme les grappes d'une vigne :
La panique évite ce chœur
Et la lâcheté le désigne.

Eux restent superbes et beaux,
Dédaigneux de la mort qu'ils bravent,
Presque joyeux quand leurs tombeaux
Vont se creusant et qu'ils le savent.

Ironique et fier, Barbaroux
Rit à Valady qu'il console
Et fredonne à Salle en courroux
Le refrain de la Carmagnole.

Pétion tout autour de lui
Contemple, comme ces vieux sages
Qui noyaient le doute et l'ennui
Dans la clarté des paysages.

Buzot rêve à Celle qu'il sent
Bien loin, à la Conciergerie,
Tête haute, cœur frémissant,
Répondre à cette rêverie.

Vaincus, on eût dit des vainqueurs,
Tant leurs yeux projetaient de flammes!
O mâle beauté des grands cœurs!
Ô triomphe éternel de l'âme!

IV

ADAM LUX

A M. CUVILLIER-FLEURY

Crimen erit superis et me fecisse nocentem.
LUCAIN.

La guillotine était debout, parmi les piques,
Debout comme un Moloch sur les brasiers rougis,
Par un soir de juillet où l'ardeur des Tropiques
    Courait dans les sens élargis.

L'orage, ainsi qu'un aigle à l'envergure immense,
Planait ; des traits de flamme éclairaient l'échafaud,
On eût dit un défi de sonore démence :
    La foule en bas, la foudre en haut !

Moins calme hélas ! la foule assiège une victime,
Proie illustre immolée avec grand apparat,
Celle qui va mourir pour expier le crime
    D'avoir tué Jean-Paul Marat.

Sois heureuse, ombre étrange... O plèbe menaçante,
Enivre-toi, voici le fatal tombereau :
Charlotte va s'offrir, tragique adolescente,
    Aux fiançailles du bourreau.

Fière beauté, candeur héroïque et charmante,
Du pâle Harmodios mystérieuse sœur,
Tes yeux d'astre courbaient le peuple qui fermente
    Sous leur magnétique douceur.

Tu parus, et les fils ensanglantés du bouge
Eux-mêmes tressaillaient d'un ineffable émoi :
Sur le long flamboiement de ta chemise rouge
    L'air s'empourprait autour de toi.

Quand tu livras enfin, transfigurée et calme,
Ton cou de cygne au fer des faucheurs inhumains,
Comme un ange qui tend aux martyrs une palme,
    Un homme te tendit les mains;

Un apôtre, un poète au cœur simple et biblique,
Volontaire exilé du vieux sol allemand,
Blond chercheur d'idéal et d'une république
    Divine infructueux amant.

La République! elle est devant toi, triste éphèbe,
Belle à faire pâlir, forte à faire trembler,
Chaste et vaillante, ainsi qu'on l'adorait dans Thèbe.
 Vois et sens ton cœur se troubler.

O jeune Adam Lux, sois l'amoureux de la morte!
Que ton hymne à son front attache un pur baiser;
Jusqu'à l'heure où viendra la meurtrière escorte,
 Chante pour la diviniser.

Chante sous le couteau, frère. Elle te contemple,
Elle t'attend auprès de Brutus et de Tell;
Aime et meurs! pour vous deux la prison fut un temple,
 La guillotine est un autel!

V

LE COUTEAU

A FÉLIX FRANK

O glaive de Caton, couteau de Valazé !

Quand, aux regards d'un peuple inconstant exposé,
Le groupe des Vingt-Deux entendit la sentence
Qui tranchait les fils d'or de sa belle existence,
L'arrêt vindicatif d'un inepte jury,
Fauchet leva les mains vers le ciel ; Sillery
Prit une contenance exquise et dédaigneuse ;
Brissot se détourna ; sur la foule hargneuse
Gensonné promena des regards assurés ;
Carra perça soudain de ses yeux acérés
Des juges meurtriers la bande criminelle,
L'ex-marquis Montflabert et l'ex-noble Antonelle ;
Duprat rêveur revit les soleils d'Avignon ;
Vergniaud qui murmurait tout bas un jeune nom

Sourit extasié comme un beau citharède
Et Ducos se jeta dans les bras de Fonfrède,
Cependant que, pareil au lutteur indompté
Par qui César vainqueur frémit ensanglanté,
Valazé tomba mort, d'un coup sûr et stoïque
Plantant dans sa poitrine un poignard héroïque,
Libre et par cet exploit païen divinisé...
O glaive de Caton, couteau de Valazé!

VI

MADAME ROLAND A LA CONCIERGERIE

A M. ÉDOUARD CHARTON

> L'enthousiasme de la République, ce sentiment le plus élevé que l'homme puisse concevoir.
>
> Mme DE STAËL.

I

Un cachot : pleine encor de jeunesse et de sève,
Grande âme inaccessible au mal extérieur,
Madame Roland près de la fenêtre rêve
A travers le lointain à son passé meilleur ;
Au dehors la rumeur éparse que soulève
Le long glapissement d'un cynique aboyeur.

II

L'ABOYEUR, lisant le Journal du Père Duchêne en pleine rue.

Le père Duchesne est en joie,
Grande fête pour ce matin :
Il ne lâchera pas sa proie
Notre brave et rude mâtin.

C'est pour vous qu'à tous les viédases
Sans cesse il va montrant les crocs,
Mordant ferme avec les escrocs
Les Brissotins faiseurs de phrases.

III

MADAME ROLAND, dans sa prison.

O ma limpide enfance, âge calme et rêveur,
D'un orageux été printemps trop éphémère,
Lorsque, nom familier aux lèvres de ma mère,
Je n'étais que Manon, la fille du graveur.

Quels dimanches rieurs après les grands jours sages !
Simples et francs bonheurs trop tôt évanouis :

Voir les soleils couchants dans l'île Saint-Louis!
S'envoler vers Meudon par les frais paysages!

Où donc es-tu, pareille à l'onde encor sans pli,
Adolescence, où sont tes jeux et tes mystères?
Et toi qui viens verser les sommeils salutaires,
Pacifique douceur du devoir accompli?

L'ABOYEUR

Écoutez ce qu'aujourd'hui note
Votre vieux marchand de fourneaux :
Ils vont tous siffler la linote
Sous les rasoirs nationaux.

Oui! ce jour présent les destine
Ces ci-devant, ces muscadins,
Tous ces brigands de Girondins
A la très sainte guillotine.

MADAME ROLAND

Grave hyménée après des songes contempteurs
De ce qui n'était pas la jeunesse héroïque,
Mais, dans ce mariage obscur et prosaïque,
Mon âme, tu montas à d'austères hauteurs.

Le devoir eut encor sa grâce incomparable,
Et, loin du périlleux abord des jeunes gens,
Je connus le bonheur des hivers diligents
Et l'orgueil d'admirer un époux vénérable.

Cher Roland, homme antique et vrai stoïcien,
Du labeur partagé je t'ai dû les délices,
Le charme du repos, et devant les supplices
Je dirai que nul cœur n'est plus fort que le tien.

L'ABOYEUR

Allons! mettons-nous en ribottes :
Tous y passeront à la fin,
Les généraux aux grandes bottes,
La grosse Babet, le Dauphin.

Mais aujourd'hui, sans qu'on recule,
L'engeance qui nous attrapait,
Avec la cravate à Capet
Les vingt-deux feront la bascule.

MADAME ROLAND

Et toi, tendre héros dont l'élan vertueux,
Malgré ma raison chaste et sa ferme sentence,

Souleva fortement pour plus qu'une existence
Dans mon sein captivé des bonds tumultueux ;

Héros aimé, tribun que j'adorai sublime,
De mes jours ténébreux unique et pur flambeau,
Je puis bien t'avouer au seuil de mon tombeau
La triste volupté de notre amour sans crime ;

Car l'amour est sacré qui, vierge de remord,
S'est soumis au Devoir comme à son meilleur maître.
L'ivresse d'être aimée inonde encor mon être ;
Mais j'offre un front pudique au baiser de la mort.

L'ABOYEUR

Ils vont jouer à la main chaude.
Vingt-deux, c'est assez pour un jour ;
Mais b... à poils, pas de fraude !
Il faut aussi qu'elle ait son tour.

La vieille guenon édentée,
Coco Roland, pour sa leçon,
Jusqu'au vasistas de Sanson,
Il faut qu'elle soit charretée.

IV

Et Madame Roland entendit... Le dédain
L'effleura. Ce fut tout. Tu savais, noble femme,
Que, malgré le présent aux mains de cet infâme,
    L'avenir serait Girondin.

Que te faisait Hébert et son journal de boue?
Mais, songeant qu'un tel drôle a remplacé les rois,
Tu murmuras pensive une première fois :
    « O Liberté, comme on te joue! »

VII

LA FÉE

A MADAME JULES MICHELET

Ils l'appelaient leur fée; elle fut une mère
Pour ces héros promis au fer du victimaire,
Mais déjà plus meurtris et plus suppliciés
Par les froids reniments des lâches amitiés
Que par la haine prête et là-bas immobile.
Sur ces fronts douloureux posant sa main débile,
Sa main de femme, elle eut de ces divins touchers
Qui savent adoucir les déplaisirs cachés
Et refouler le flot envahisseur des larmes.
Elle inventa des jeux, des ris, des chants, des charmes
Et toutes les gaîtés limpides d'un matin
Pour fêter ces vaincus terrassés du Destin
Et leur versa l'oubli dans des coupes de Sèvres.
Les bons rires étaient les hôtes de ses lèvres

Et la douceur des mots découlait de son cœur :
Telle une savoureuse et limpide liqueur!
Si bien qu'aux purs accents de la magicienne
Ces proscrits échappaient à leur douleur ancienne.

Comme Alcyon que berce un rhythme de rameur,
Ravis ils l'écoutaient; mais lorsqu'une rumeur
Menaçante au dehors se soulevait, pour Elle
Pâles, pour Elle émus, ils lui disaient : « Fidèle
« Amie, oh! laissez-nous partir, et n'allez pas
« Désigner plus longtemps aux pièges du trépas
« Cette tête adorable où fleurissent des roses.
« Les dieux vous ont promise à de charmantes choses. »

Mais elle répondait d'un accent fier et doux :
« Si je n'étais pas là, que deviendriez-vous? »

VIII

AUX GROTTES DE SAINT-ÉMILION

A VICTOR DE LAPRADE

> Attendez ce loyer de la fidélité.
> D'AUBIGNÉ.

O vous, graves témoins des antiques mystères,
 Pleins d'ailes, de souffles, de voix,
Vieux antres qui vivez, sacrés et solitaires,
 Dans le silence ami des bois,
Et vous, grottes sans fin, ténébreuses retraites
 Qui gardez toujours dans vos flancs
Le retentissement énorme des Curètes
 Et des noirs Telchines soufflants;
Frissonnantes encore des premières tûries
 Où des géants se sont heurtés,
Grottes, vous aviez vu toutes les barbaries,
 Jamais toutes les lâchetés.
Non! jamais, profondeurs béantes des Avernes,
 Champs de bataille des Titans,

Vous n'aviez pressenti, vieille horreur des cavernes,
    Que plus tard il viendrait un temps
Où, pour oser reprendre à vos dômes de mousse,
    Au cours sinueux de vos eaux,
A vos rocs où la dent des siècles durs s'émousse,
    A votre rempart de rameaux,
A votre nuit, à votre hospitalité sombre,
    Quelques généreux exilés
Gardés par la tutelle auguste de votre ombre
    Dans vos replis inviolés,
Pour reprendre un Guadet les proconsuls infâmes,
    A bout de sinistres moyens,
Avec un calme étrange à la piste des âmes
    Lanceraient des meutes de chiens !

IX

LE SECOND ROMAN DE LOUVET

A ANATOLE FRANCE

I

OÙ IL NE S'AGIT PLUS DE FAUBLAS

Dans les derniers mois de Quatre-vingt-treize
L'auteur de « Faublas », livre d'œgipan
Où l'amour badin se prélasse à l'aise,
Fut forcé de faire un second roman,

Un second roman aux étranges charmes
Sans poudre et sans fard, sans ris et sans jeux,
Où troublés d'un bruit de chaînes et d'armes
Plus tendres les cœurs sont plus orageux.

L'intrigue est tragique et le dialogue
S'interrompt souvent par des cris de mort ;

Le drame s'y mêle à la chaude églogue
Et la haine est forte et l'amour plus fort.

Comme un vif rayon perce des ténèbres
Un regard de femme y met sa clarté.
Tel qu'un chant d'oiseau près des lits funèbres
Y glisse un soupir de la volupté.

En un labyrinthe aux pièges sans nombre
L'inventif destin traîne les héros
Mais le dévoûment de l'idylle sombre
Montre les baisers vainqueurs des bourreaux.

Ce roman bizarre aux scènes réelles
Où dans l'Hadès même Eros se risqua,
Plein d'amers bonheurs, de douceurs cruelles,
Louvet l'a vécu pour Lodoïska;

Pour Lodoïska qui fut la compagne
Sûre, l'invincible et ferme amitié,
Près du fier proscrit que hait la Montagne,
Plus qu'amante et plus qu'épouse, moitié!

Ce n'est plus ici quelque Lindamire
Lasse du carlin, du petit abbé,

Qui va, vient, s'attife, et boude, et se mire,
Aiguisant ses dents au fruit dérobé ;

Ni sous le linon des filles de chambre
Un adolescent, jamais étonné,
Qui rêve dans un boudoir chargé d'ambre
Un bonheur discret et capitonné.

Elle est fière et pure aujourd'hui l'ivresse
De ces cœurs unis par le dévoûment.
L'un peut sans remords dire : « O ma maîtresse ! »
L'autre sans rougeur dire : « O mon amant ! »

Telle du vautour pouvant fuir la serre
La colombe attend auprès du ramier !
Tel fut sans fléchir ce couple sincère...
Le second roman vaut bien le premier !

II

LES FIANÇAILLES DANS L'EXIL

Pendant qu'un rossignol attendri regardait
    L'espérance exaucée,
Louvet, devant Buzot, Barbaroux et Guadet,
    La prit pour fiancée.

Leurs serments s'échangeaient sous le couchant en feu
  Aux pieds calmes d'un hêtre,
Et, la nature étant leur seule église, Dieu,
  Dieu seul était le prêtre,

L'encens chaud et subtil ondoyait sur les fleurs
  Pour l'adorable office.
Un orgue soupirait dans les saules en pleurs ;
  Gloire du sacrifice,

Grâce du dévoûment, c'était vous que fêtait
  Dans ce couple sincère
Cet hymne que la terre au ciel ravi chantait
  Et le ciel à la terre.

C'était toi, noble hymen, célébré sans espoir
  Des saisons langoureuses
Où dans un monotone et tiède nonchaloir
  Les âmes sont heureuses,

Sans espoir des baisers libres au grand soleil
  Ou, par les clairs de lune,
Du sommeil confiant et du joyeux réveil
  Dans la chambre commune.

Hymen sublime où les époux s'étaient promis
> Pour unique espérance
La fuite, pour présents des glaives ennemis,
> Et pour dot la souffrance ;

Pendant qu'un rossignol attendri regardait
> Cette fête de l'âme,
Devant Buzot, devant Barbaroux et Guadet,
> Louvet l'élut pour femme !

III

LE RETOUR A PARIS

Pour la revoir, pour dormir sur son cœur,
> Pour goûter sur ses lèvres
Le pur nectar qui charme la rancœur
> Et le Léthé des fièvres,

Navré d'amour, à toute heure blessé
> De lointains sortilèges,
Pour la revoir il avait traversé
> Une forêt de pièges.

Cette forêt où Dante eût proclamé :
 « Quittez toute espérance »,
Ce noir séjour d'épouvantes semé
 Hélas ! c'était la France.

La France hélas ! muette immensité,
 Sourde aux cris, meurtrière,
Pour les tribuns que proscrit la cité
 Plus inhospitalière

Que ces écueils où le vaisseau léger
 Parfois s'obstine et passe
Et qu'un désert terrible à l'étranger
 Où les lions font grâce.

L'âme brisée et les membres meurtris,
 Louvet, dompteur d'épreuves,
Tête baissée entra dans ce Paris
 Où pleuraient tant de veuves.

Puis il alla tout droit à la maison
 Et tout droit à la porte
A demi mort par le vague soupçon
 De la retrouver morte.

Il la trouva vivante, et pour tous deux
   Après ces longs supplices
L'humble réduit fut l'Éden hasardeux
   Des divines délices.

Ah! quand la mort devant le seuil attend,
   Une chambre où l'on aime
Se transfigure et devient à l'instant
   Le paradis suprême;

Le paradis terrestre où les baisers
   Étonnent comme un rêve,
Trop confondus pour être divisés
   Par le tranchant du glaive,

Où les époux, dans le ravissement
   De la nuit qui rassemble,
Disent avec un fier pressentiment :
   « Quand mourrons-nous ensemble? »

IV

L'AMOUR TRIOMPHE

Longtemps, comme un oiseau tendrement réchauffé,
    Comme un enfant que l'on dorlote,
Dans un de ces abris où peut dormir l'ilote,
    Lodoïska l'avait caché.

Et la cachette était l'œuvre de ses mains frêles,
    L'œuvre vaillante de ses mains.
Pour lui, pour s'affranchir des douteux lendemains,
    Elle eût voulu créer des ailes.

Un jour il fallut fuir... ô jour désespéré !
    Fuir sans elle, sans elle vivre
Sur les cimes des monts où l'air limpide enivre,
    L'air à pleins poumons respiré !

Libre dans le Jura, lui se sentit esclave
    De la morne fatalité :
L'absence est pour Louvet un mal plus détesté
    Que la guillotine qu'il brave.

Ni le rhododendron, ni l'essor du myrtil,
　　Ni la belle bruyère rose,
Ni la nature en fleur qui sur ses pas dispose
　　La pompe innocente d'avril;

Ni le secret des bois, ni cette confidence
　　Des chênes, vieux témoins jaloux,
Ni tous ces verts trépieds, antiques rendez-vous
　　Pour des nymphes ivres de danse,

N'ont distrait ces regards d'amant, indifférents
　　Au svelte orgueil des sapinières,
A la sublimité des montagnes premières,
　　A l'horreur vaste des torrents.

Qu'elle vienne, et l'éclat charmant de son visage
　　Et ses gestes délicieux
Feront mieux resplendir la cime auguste, et mieux
　　Fleurir le hardi paysage.

Qu'elle vienne... soudain aux pieds du roc glissant,
　　Prompte comme un oiseau de flamme,
S'arrête une voiture en feu! c'est une femme,
　　C'est une femme qui descend,

C'est elle,... ô le baiser ineffable! ces gorges
    Clémentes les ont réunis
A jamais enlacés tout comme dans leurs nids
    Sont les couples de rouge-gorges.

Ils ont tout oublié, le passé n'est qu'un jour
    Qui s'efface et va disparaître.
Ils sont heureux! ont-ils jamais cessé de l'être?
    Tu le sais, ô divin Amour!

X

LES LOUPS

A M. ERNEST LEGOUVÉ

> Non! jamais la Liberté n'a fait plus
> cruellement expier aux siens la gloire
> d'avoir embrassé son culte.
> LOUIS BLANC.

Des loups dans le lointain, une forêt déserte,
Deux hommes, deux proscrits, double victime offerte
A la fatalité de l'immolation;
L'un s'appelle Buzot et l'autre Pétion;
La neige flagellait ces deux pauvres visages;
Ils allaient devant eux, ces héros et ces sages,
Sans espoir qu'à leurs maux il pût être une fin.
Pensifs, ils avaient froids; mornes, ils avaient faim,
Les loups aussi...
        Là-bas de farouches murmures
Que le vent prolongeait au milieu des ramures

Grondent, et l'on pourrait entendre par moments
Un fauve et famélique appel de hurlements
A travers le silence et l'ombre épouvantables.
Les troupeaux sont reclus et closes les étables ;
Plus de combat avec les chiens et le berger :
Rien... plus une pâture à terre... Il faut manger !

Et les beaux Girondins que la Commune exile
Marchaient toujours, pareils aux Anciens du Pœcile,
Évoquant un passé resplendissant et fier,
Un passé si loin d'eux et qui date d'hier :
Le duel corps à corps contre une cour servile,
La jeune ovation du vieil Hôtel-de-Ville,
Les clubs comme une houle ondulant à leur voix,
Le soufflet de la guerre à la face des rois,
Le Dix Août renversant l'altière tyrannie
Et l'amour d'un grand peuple attestant leur génie.

O sainte illusion ! Ces têtes de proscrits
S'illuminent. Parmi les bravos et les cris
Pétion se revoit au retour de Varennes
Triomphant, et Buzot rêve aux heures sereines
Où voltigeait ton doux sourire étincelant,
Ton sourire de femme, ô madame Roland !

Les loups ne sont pas loin... Ils vont franchir la marge

De la forêt... leur voix plus distincte et plus large
Emplit l'air. La nuit tombe et s'épaissit. L'horreur
Guide les loups hideux comme un avant-coureur
Et prête aux pas pesants dont tremble la clairière
Plus de sonorité sinistre et meurtrière.

« Entends-tu, » dit Buzot tressaillant, « vers le nord
« Ces clameurs ! »
                Pétion répondit : « C'est la Mort !
« Qu'elle vienne ! Salut à la Libératrice.
« Ami, c'est une mère et c'est une nourrice
« Qui, pour l'échange obscur d'un corps persécuté,
« Nous fait les nouveaux-nés de l'immortalité.
« Aux Champs-Élyséens mon espoir est fidèle :
« Viens m'y rejoindre avec nos amis, avec Elle !... »
Buzot serra la main de Pétion... Les pas
Réguliers et pareils au rhythme du trépas
S'approchaient... les héros se regardèrent, l'âme
Indomptable... déjà des prunelles de flamme
Perçaient la profondeur des halliers envahis.
Eux se disaient, songeant à leurs frères trahis,
Que ce gouffre implacable où le sort les destine
Valait mieux qu'une ingrate et froide guillotine
Et que leurs compagnons, de cette mort jaloux
En place des bourreaux eussent choisi des loups.

Près d'eux soudain brilla comme une gerbe oblique
D'éclairs... Buzot redit encor : « O République ! »
Pétion répondit encor : « O Liberté ! »

Les loups firent leur œuvre avec tranquillité.

XI

L'APOTHÉOSE DES GIRONDINS

A M. ALFRED FOUILLÉE

I

Rêve du doux Virgile, il est un Élysée
Enveloppé dans une éternelle blancheur,
Où s'épanche invisible un fleuve de fraîcheur
Étincelant d'aurore et jeune de rosée.

La chaste source au chant limpide y coule en paix,
Et la pudicité farouche de Diane
Se plairait dans ces bois sacrés dont le profane
N'a jamais violé l'enlacement épais.

Sur les cimes ondule un infini sourire ;
La clairière est facile à des chœurs ingénus,

Et les bondissements des Nymphes y sont nus
Sans redouter l'embûche inique du satyre.

Tout est libre, tout est heureux; les animaux
Passent inoffensifs avec des poses graves :
Le corps a rejeté la lourdeur des entraves
Et l'âme a désappris la pesanteur des maux.

Les couples recueillis en lentes promenades
Aspirent le nectar des calmes voluptés,
Reconnaissants témoins de ces riches étés
Qui jettent à leurs pieds la pourpre des grenades.

Le lisse et blanc platane et de Socrate ami
Prête toujours son ombre hospitalière aux sages;
Et les sages toujours sous ces doctes feuillages
Plongent sur l'idéal un regard affermi.

En un grand trône d'or la Justice préside
Au mâle et fier bonheur de ces stoïciens
Qui savourent l'honneur de leurs périls anciens
Et leur gloire égalée à la gloire d'Alcide.

II

C'est parmi ces héros, c'est parmi ces géants,
Embellis de sagesse et dorés de lumière,
C'est dans cette retraite aux grands cœurs coutumière
Où sur les nids chanteurs éclatent des péans ;

Dans ce suprême exil de la Liberté sainte,
Qu'admis par les détours de ces heureux jardins
Apparurent un jour les martyrs girondins
Plus jeunes et plus beaux que la souple hyacinthe.

Par un murmure aimant accueillis et fêtés,
Glorifiés par l'âme illustre de la Grèce,
Ils furent salués d'une immense alégresse
Ces élégants dompteurs des vieilles royautés.

Caton que la victoire insolente exaspère
Montre à Buzot son cœur aux civiques défis.
Démosthène content, dit à Vergniaud : « Mon fils ! »
Agis enorgueilli dit à Guadet : « Mon frère ! »

Thraséas, frissonnant d'un austère courroux,
Écoute le cruel récit de leur épreuve ;

Gracchus à ses côtés invite Grangeneuve
Et Cléomène tend la main à Barbaroux;

Et Brutus, couronnant cette élite héroïque,
Brutus leur mieux aimé se confond avec eux
Dans l'ineffable élan d'un cantique amoureux
A la très sainte, à la très belle République;

Tandis que, dominé par un charme excellent,
Périclès, délaissant l'entretien d'Aspasie,
Boit la délicieuse et suprême ambroisie
Qu'épanche le parler de madame Roland.

V

FOUDRES ET FLAMMES

I

LA FONTE DES CLOCHES

A L. LAURENT-PICHAT

Que dans l'atelier du fondeur
L'ordre impérieux les dispose
Souple à leur métamorphose
En cette rouge profondeur.

Cloches, séparez-vous sans honte;
Heureuses de vous transformer,
Livrez à ceux qui vont s'armer
Le bronze, l'airain et la fonte.

Que ces métaux et que vos noms,
Ce poids du passé qui vous pèse,
S'engloutissent dans la fournaise :
Cloches, mourez ; naissez, canons !

Ressuscitez, nobles chanteuses,
Des plages de Calais à Luz,
Non pour sonner des angelus
Ou quelques matines douteuses;

Ressuscitez pour entonner
L'hymne guerrier de l'homme libre,
Pour être le courroux qui vibre,
La vengeance prête à tonner.

Que votre grande voix proclame
L'essor du peuple souverain :
Aux bouches de bronze et d'airain
Donnez le cœur, prêtez la flamme.

Bien mieux qu'à l'heure où vos battants
Fêtaient un dévot sacrifice,
Vous raconterez la justice
Aux volontaires combattants.

Ce n'est plus vêpres ou complies
Que vous proclamerez, ô sœurs :
C'est la chute des oppresseurs,
Les délivrances accomplies;

LA FONTE DES CLOCHES.

C'est la Libre Pensée au vent,
Jeune fleur joyeuse de croître ;
C'est l'homme s'arrachant au cloître,
La femme arrachée au couvent ;

Ce sont les aigrefins, les filles,
Les laquais, les ruffians, la cour,
Évaporés au feu du jour
Avec la poudre des Bastilles ;

C'est le nègre brisant ses fers
Et le vassal rompant ses chaînes ;
Ce sont les revanches prochaines
Sur les faux dieux et les enfers ;

Contre le vieux rempart de fraude
C'est l'universel branle-bas ;
C'est le traitant qui fuit là-bas
Comme un renard pris en maraude ;

Et c'est le juge et c'est le roi
Secoués jusque sous la terre
Par l'aiguillon égalitaire
Du rude et tout-puissant effroi !

Voilà les colères vivantes,
Le flux mouvant des passions,
Les vols d'aigles et d'alcyons,
Les ivresses, les épouvantes !

Ces poèmes, vous les direz
Dans vos nouvelles destinées,
O consciences incarnées,
Voix des grands canons inspirés,

O voix qui parlerez à l'homme
Mieux que jadis dans vos clochers
Lorsque d'humbles sonneurs penchés
Vous façonnaient aux chants de Rome ;

Car plus lyrique est votre honneur,
Plus sublime votre partage
Avec le monde entier pour cage
Et Kléber pour carillonneur.

II

COUTHON

A CAMILLE PELLETAN

Il se soulève, il est chétif comme l'hysope,
Pénible à voir et plus disgracié qu'Ésope.
C'est la moitié d'un être à peine, et dans Lyon
Naguères il domptait une rébellion ;
Car cette ébauche d'homme enferme un grand courage.
Dans l'assemblée où vibre un éternel orage
Sa présence commande un silence anxieux.
Le plus faible est souvent le plus audacieux.
Tel Couthon, toujours calme et téméraire...
         Il parle :
« Ainsi donc, citoyens, si Louis et si Charle,
« Si le duc de Bourbon tenace, et que Condé
« Assiste, par Enghien lui-même secondé,
« Et Chartres qui s'est mis au rang de leurs complices
« Tombent entre nos mains sévères, les supplices,

« De tant de trahisons équitables loyers,
« Dus pour une telle œuvre à de tels ouvriers,
« Seront-ils, ravalant l'orgueil qui les surmène,
« Un tribut suffisant pour la vengeance humaine?
« Croyez-vous que la mort de cinq à six coquins,
« Bien que délicieuse aux vrais républicains
« Et très conforme au vœu de la Nature, expie
« L'héréditaire horreur du despotisme impie?
« Non! tant de nobles cœurs par les tyrans usés,
« Et sous leurs pieds de plomb tant d'espoirs écrasés,
« Tant d'amours par leurs mains de satyre flétries
« Et ce débordement de lubriques furies
« Méritent un multiple et vaste châtiment.
« Quoi? sur les seuls Capets punir en un moment
« Le passé monstrueux des royales lignées!
« Il faut plus au courroux des haines indignées
« Qui suivent la Justice et rejoindront les rois.
« Qu'une Terreur immense à de si longs effrois
« Du pauvre, du vieillard, de l'enfant, de la femme,
« Réponde, et qu'en sentant sa conscience infâme
« Tous les soirs chaque prince ou comte souverain
« Attende en pâlissant la Némésis d'airain.
« Nous leur devons à tous la même tragédie.
« Sur le même échafaud voyageur je dédie
« Tous les rois de l'Europe au fer impartial,
« Tous, depuis le brûleur du morne Escurial

« Jusqu'à la Messaline au Kremlin adorée,
« Tous, l'ours de la Baltique et l'ogre de la Sprée,
« Le Léopold non moins scélérat que sa sœur
« Et l'Anglais dont un Pitt enhardit la noirceur,
« A ces vils héritiers d'un forfait séculaire
« Intentez, citoyens, le procès populaire ;
« Dans un réquisitoire universel, mêlez
« Tous ces fronts de tyrans encore inviolés,
« Et que votre sentence austère leur destine
« Un dernier rendez-vous devant la guillotine.
« Ce jour-là seulement l'Europe aux fers brisés
« Sera libre, et le monde heureux, et les baisers
« Chastes, et la Vertu sous ses voiles sacrée,
« Et les cieux nous rendront la fugitive Astrée.
« Pour que d'un âge d'or nous soyons les témoins,
« Que faut-il ? presque rien, amis, les rois de moins ! »

III

LE COMITÉ DE SALUT PUBLIC

> *Alia in secundam alia in adversam*
> *tempestatem usui sunt.*
> TITE-LIVE.

Indomptable ouvrier d'une tâche nocturne,
Le Comité géant que l'Épouvante élut
Forge en son atelier terrible et taciturne
    Les foudres de notre salut.

La besogne est pressante aux volcans populaires.
Quels marteaux fallait-il et quel métal en feu !
Être les forgerons dont s'armaient les colères
    Du peuple... et peut-être de Dieu.

Dans ces durs maniments de la flamme et du bronze
Aucun d'eux ne sentit ses bras républicains
Faiblir et succomber à l'œuvre... Ils étaient onze
    Qui furent de rudes Vulcains.

LE COMITÉ DE SALUT PUBLIC.

Frissons, épuisements, sueurs de mort, qu'importe !
Ils se faisaient un jeu dans ce groupe indompté
De dépenser leur vie irrésistible et forte,
 Plume en main ou sabre au côté.

Jamais ils n'ont fléchi... tout était à leur taille,
Le labeur surhumain ou l'épique danger ;
Des tables du conseil aux durs champs de bataille
 Ils passaient sans croire changer.

Toujours prêts ! que l'on doive, ainsi qu'aux jours prospères,
Multiplier l'outil vainqueur, le million,
Ou qu'il faille écraser au fond de ses repaires
 L'hydre rebelle de Lyon.

L'emphatique Barrère enflamme la tribune ;
Aidé de Saint-André, de Lindet, de Prieur,
Carnot fait d'un seul geste obéir la fortune
 Docile à l'âpre travailleur.

Collot d'Herbois aux clubs oscillants communique
Sa tragique furie et ses fougues d'acteur.
Sur les complots tapis dans un sol volcanique
 Billaud fixe un œil scrutateur.

Robespierre, comme un fascinateur tenace,
Magnétise les rois sur leur trône d'airain.
A nos soldats le Rhin oppose sa menace
    Saint-Just est déjà sur le Rhin !

Et ces onze lutteurs, autocrates sincères,
Quand ils avaient tenu les tyrans mêmes sous
Leurs talons et broyé l'Europe dans leurs serres,
    Allaient dîner à vingt-neuf sous !

IV

NANTES

A ABEL HOVELACQUE

Nantes souffre, cité fiévreuse et famélique ;
Comme une mendiante ouvrant ses maigres bras,
Elle appelle à grands cris ton aide, ô République.

Dans l'air qui vient d'ouest aspirant le trépas,
Elle recèle encor mainte plaie intestine :
Les complots venimeux rampent à chaque pas ;

L'or rebelle se cache et dans l'ombre s'obstine
A cheminer aux mains d'occultes ennemis
Qui passent en riant près de la guillotine.

Les ci-devant épars ont tout tenté, hormis
La révolte, tandis qu'onctueux et tenaces
Les prêtres font en paix leur travail de fourmis.

De loin, comme un pêcheur qui dispose des nasses,
L'Anglais guette la ville et médite un effort
Décisif, et les murs sont cernés de menaces.

Tout autour les Chouans, espérant du renfort,
De cris tumultueux consternent les courages :
On ne voit, on n'entend, on ne sent que la mort !

Toujours elle ! planant sur ces mornes parages,
Sous l'aile du typhus, ou bien dans le combat
Dévalant sur les Bleus avec d'étranges rages.

Ah ! malheur au captif, au blessé qui s'abat ;
Les Vendéens, avec une alégresse infâme,
Préludent devant eux à leur sanglant sabbat.

Ils font comme œuvre pie et salutaire à l'âme
Savourer la souffrance aux corps républicains,
Et le plus acharné tourmenteur c'est la femme.

Ils sont ingénieux en supplices taquins
Qui n'arrachent la vie hélas ! que goutte à goutte,
La roue et le gibet leur sembleraient mesquins.

Ce qu'il faut à ces Blancs, héros de grande route,
C'est l'artifice affreux de tourments ignorés
Qui consument la chair patiemment dissoute,

Leur plaisir c'est de voir leurs prisonniers murés,
L'un sur l'autre empilés dans les puits, ô misère !
Ou dans le sol profond jusqu'au col enterrés,

Tandis que les recteurs vont disant leur rosaire
Et regardent charmés leurs paysans pieux,
Ceux-ci placidement visant leur adversaire,

Pour jouer à la boule avec des cris joyeux,
Prennent le mur vivant de ces têtes rangées
Qui voient la mort venir et qui ferment les yeux,

Leurs pauvres yeux ! mais vous, victimes égorgées,
Vous que l'on met en croix comme jadis Jésus,
Ames de nos martyrs, quand serez-vous vengées !

Nantes s'use ! bientôt elle ne pourrait plus
Résister, et la Loire aux ondes frissonnantes
S'apprête à lui lancer les Chouans comme un flux.

C'est alors que Carrier fit son entrée à Nantes !

V

MARGAROT

A JULIEN GIRARD DE RIALLE

> Les révolutions commencent par d'illustres malheureux vengés par la fortune. Que la Providence accompagne Margarot à Botany-Bay.
>
> *Discours de Saint-Just à la Convention nationale*, le 20 février 1794.

Ils nous aiment. Ils sont Anglais, mais citoyens,
Libres, loin du ramas de ces Pharisiens,
De ces Lords dont le pied est pesant sur la foule,
Qui, pour se rassurer en nous donnant Bourbon,
Subiraient un Stuart, et pour qui tout est bon
    Pourvu que la France s'écroule.

Ils nous aiment, ces fils peu nombreux des Saxons,
Mariant nos couleurs même à leurs écussons,
Mêlant les droits de l'Homme aux chartes féodales,
Convoitant de Sidney l'exemplaire trépas,
Épris de République, et partout sur leurs pas
    Semant de généreux scandales.

Cinq à six tout au plus que Pitt vainqueur poursuit!
Les haines, comme un vol de lourds oiseaux de nuit,
Tournent sinistrement sur leur tête intrépide;
Le Parlement les craint à l'égal de la cour
Et, quant au peuple, objet de leur stérile amour,
    Le peuple, hélas! il les lapide.

Ah! ces noms de héros, ces grands noms fraternels,
Que dans nos souvenirs ils vivent éternels
Rappelant à jamais ces jours de délivrance
Où, chez nos ennemis et par delà les mers
Quelques hommes bravaient les injures, les fers,
    La mort pour mieux aimer la France.

C'était Fox, éloquence ailée et cœur vibrant,
Sheridan, souple esprit et lord Stanhope ouvrant
Son âme à la justice autour de lui bannie,
Et toi surtout, et toi, plébéien révolté
Qui voulus avant l'heure armer la liberté,
    Que désarma la tyrannie,

O Margarot! ainsi pour châtier en toi
Le crime de vouloir être libre, le roi
Stupide et vénéré des bibliques familles,

Le roi fou t'enverra dans un exil lointain
Traîner fiévreusement un lent et froid destin
  Entre des voleurs et des filles.

Pars pour Botany-Bay, cher Français d'Albion,
O martyr, mais de loin la Révolution
Veillera sur ta gloire et même sur ta vie.
Le belliqueux tribun, d'héroïsme enivré,
Saint-Just, te chantera comme un frère inspiré
  Chante le frère qu'il envie.

Va ! pour te délivrer le Comité titan,
Sur le gouffre douteux de l'hostile Océan,
Lance par un décret, résolue à te suivre,
Une escadre... Qu'elle ait le ciel calme, le vent
Facile et l'abordage aisé... puis en avant !
  Que cette escadre te délivre !

Cher Margarot, ami du pauvre et de tous ceux
Qui, tandis que les grands, les riches, les heureux
Dînent de l'Irlandais, soupent des colonies,
Et digèrent, bercés par l'ivresse et le spleen,
Demandent à la mort qui coule dans le gin
  La fin des longues agonies.

VI

BARÈRE A LA TRIBUNE

A ERNEST D'HERVILLY

Je ne demande point qu'on encense cet homme,
Qu'on le porte chargé de fleurs au Panthéon :
Sans être un des Gracchus que nous enviait Rome,
  Il fut mieux qu'un caméléon.

Il n'est pas seulement ce bel esprit trop sage,
Trop fin pour engager sa parole et son sort,
Qui toujours se réserve un facile passage
  Et se glisse auprès du plus fort;

Ce rhéteur qui toujours veut qu'un public l'admire,
Célimène oratoire, et qui n'a tant changé
Que pour fixer sans cesse au même point de mire
  L'applaudissement exigé.

Non ! Barère est souvent une éloquence acerbe,
Un prodige de verve et de soudaineté,
Un poète hardi, subtil, charmant, superbe,
    Une voix de la Liberté.

Sa phrase large roule un flot métaphorique.
C'est lui qui définit la Révolution
L'épanouissement sous un soleil d'Afrique
    De l'ample végétation.

On l'écoute... son chant est l'hymne des victoires,
C'est le débordement des mots enorgueillis,
Le tourbillonnement impétueux des gloires
    Passant dans l'image aux longs plis ;

L'esprit gascon orné d'emphases espagnoles,
L'accent de l'héroïsme aux pénétrants frissons
Et dans ces fiers discours qu'on nomme « Carmagnoles »
    Le rire narquois des chansons ;

Pêle-mêle du sel attique et de la poudre,
L'élan du dithyrambe et le bond du pamphlet,
Sur Pitt et sur Cobourg de grands fracas de foudre
    Prolongés au bruit des sifflets.

Tel que nos bataillons, il n'admet point de halte.
Après chaque triomphe éclatant, il est là ;
Il persuade, il flatte, il amuse, il exalte
    Comme un Voltaire au Walhalla.

Car, non content de voir sa fougue béarnaise
Attacher l'ode ardente aux flancs des rois du nord,
Il met le carillon de la gaîté française
    Dans la victoire et dans la mort ;

Si bien que nos soldats que tout prix importune,
Hormis la renommée adorable aux grands cœurs,
Vont au combat criant : « Barère à la tribune, »
    Et que ses discours sont vainqueurs !

VII

JEAN GUEIT

A SULLY PRUDHOMME

Il était charpentier comme Jésus! Cet homme
Naquit pauvre parmi ceux que souvent on nomme
La canaille; il mêlait en guise de blason
La douceur féminine à la mâle raison;
Il avait tout son or dans le cœur; la noblesse
Le méprisait...
           N'était-il pas de ceux que blesse
Le fardeau sur le front du faible appesanti?
Quatre-vingt-neuf éclos, Jean Gueit fut du parti
Des hommes de travail, des penseurs et des sages.
Or, comme il achevait d'humbles apprentissages,
Le matin il partait à l'heure de l'éveil
Pour aspirer le don immense du soleil
Et voir se prodiguer au moindre coin de terre
Le large épanchement de l'astre égalitaire,
Et les libres oiseaux dans le grand bois vivant
Charmaient ce promeneur qui s'en allait rêvant

A la fraternité primitive des choses.
Un jour qu'il revenait, en respirant des roses,
Le pied ferme, toujours le dernier au devoir,
Un marin l'arrêta pour lui dire : « Ce soir
« Nos jeunes fédérés que Barbaroux conseille,
« Tes frères, se mettront en route pour Marseille
« Et de là vers Paris où court la trahison. »

Gueit dit : « Je quitterai dès ce jour la maison,
« Je partirai... mais toi, Paul, prends soin de ma mère ! »

Il ne revint qu'après les frissons de Brumaire,
Modeste et réclamant sa tâche d'ouvrier.
Mais la gloire, donneuse antique de laurier,
Le poursuit dans son ombre et pour tous le découvre
Comme un des assiégeants indomptables du Louvre,
Un héros du Dix Août, un vaillant, un vainqueur !
Gueit se tut et garda longuement dans son cœur
Le pudique chagrin de cette renommée.
Il travaillait.
   Soudain sur la France alarmée
Le tonnerre évoqué par de hâtifs éclairs
Tomba ! Puis aux lueurs distinctes des cieux clairs
On vit dans les débris de la prompte tempête
Un trône à terre, et près de ce trône une tête,
Puis béante sur tous les points l'Invasion,

Et Paris lui lançant comme l'éruption
Aveuglante des plus formidables cratères,
La lave aux flots brûlants des hardis volontaires.

Gueit admirait Paris en songeant à Toulon
Inquiet...
    Un jour vint où l'émigrant félon,
Où le richard peureux que l'avarice hébète,
Les fleurs au front, orné de parures de fête,
Et poudrés, et musqués, en frac, en escarpins,
Avec l'obséquieux sourire des Crispins,
S'en allèrent livrer sur un plat d'or servile
A l'ennemi les clefs gardiennes de leur ville,
Les clefs, dépôt sacré, symbole accusateur.

De ce hideux cortège impuissant spectateur,
Gueit bondit.
    Quoi? Toulon aux Anglais? Dans le cadre
De ce port lumineux la britannique escadre
Insolente, éployant aux airs son pavillon,
Et même l'étendard de la rébellion,
Le drapeau blanc soumis à ce chiffon d'étoffe!
Quoi? l'orgueil royaliste aisément philosophe,
Aux pieds de l'amiral Hood, ne haïssant pas
D'adorer la poussière auguste de ses pas
Et livrant à ses mains rapaces notre flotte!

L'artisan qu'on fuyait partout comme un ilote
Ne voulut point d'un lâche et sûr isolement.
Un poids trop lourd pesait sur lui... Tranquillement
Il alla sur la plage où manœuvraient les troupes
Aux habits rouges... Là se jetant dans les groupes
Il fit parler son âme et, naïf harangueur,
Aux accents qu'animait une intime vigueur,
Il frappa sur ces cœurs que la traîtrise enchaîne
De rudes coups comme un bûcheron sur un chêne,
Et sa parole ainsi qu'une hache tombait
Sur tous ces fronts pensifs que le remords courbait.

Seuls les grands criminels demeuraient impassibles.
Les officiers anglais s'exerçant à leurs cibles
Saluaient d'un regard sympathique et surpris
Celui que ne pouvait effleurer leur mépris,
La conscience unique au milieu des parjures
Plus forte que le sort et domptant ses injures,
Le seul homme parmi ce troupeau...
       Cependant
D'une voix plus vibrante et d'un cœur plus ardent,
Jean Gueit durant trois jours reprit son œuvre, et, comme
Un tribun familier sur les places de Rome,
Ou tel qu'un prédicant qui transporte avec soi
L'Évangile, il errait glorifiant sa foi,
Si bien que les méchants sentirent tout leur être

Traversé d'un frisson sinistre; et plus d'un traitre
Dit : « A quoi bon laisser ce Jean Gueit discourir?
« Il est temps, mes amis, de le faire mourir.
« A lutter contre tous ce seul homme est de taille ;
« Contre une ville entière il se range en bataille ;
« Ses gestes, ses propos, ses yeux sont insultants ;
« Devant l'Anglais il ose être libre. Il est temps
« De le faire mourir. »
      Telle fut la sentence
Rendue au nom du roi Louis... Une potence
Se dressa, destinée au supplice infamant :
Gueit stoïque attendait la mort comme un amant.
Il marcha le front haut vers cette fiancée,
L'âme au ciel, n'ayant plus qu'une double pensée :
La République absente et sa mère! Affermi
Il confia la vieille en pleurs à son ami
Qui sanglotait, tandis que lui demeurait calme.
Puis, comme s'il voyait à l'horizon la palme
De la Victoire entrant comme un âpre aquilon
Dans les murs reconquis de la triste Toulon,
Il sourit à l'espoir du triomphe sévère
Et le pauvre ouvrier monta sur son calvaire !

VIII

EULOGE SCHNEIDER

A ÉMILE GEBHART

> Les folies tyranniques de ces hommes rendent vraisemblable tout ce que l'on raconte de Caligula et d'Héliogabale.
>
> ROBESPIERRE, *Discours à la Convention* du 5 février 1794.

Roi de l'Alsace, avec le bourreau pour ministre,
Il enroulait sa hache au myrte ionien
Et le satyre en lui se couronnait d'un cuistre.

Il fit souffrir la honte à des femmes de bien,
Il fit subir la mort à de mâles courages,
Le tout en style exact et cicéronien.

Collot, j'admets encor tes fièvres et tes rages,
Tes spasmes, ô Carrier, mais le lâche assassin
Qu'un sanglant magister régentant les orages!

Sus aux traîtres! Le fer, la flamme, le tocsin,
La mort sans beau langage et sans phrase subtile,
Soit! mais il fallait mieux au docte Capucin.

Car souvent il lui plaît d'enlacer le dactyle
Au spondée, en signant des arrêts ; il poursuit
En décrétant la mort des strophes à Bathylle.

Tigre anacréontique, il commente, il traduit,
Il annote, il compulse, il cite, il guillotine,
Il égorge le jour, il viole la nuit.

Comme pour marier Priape à Libitine,
Il se rue à l'alcôve en quittant l'échafaud
Et cherche une pâture à sa faim clandestine.

Ainsi qu'une hécatombe alternée, il lui faut
Une offrande de chair, et toujours sur la ville
Palpitante il tournoie ainsi qu'un noir gerfaut.

Puis il s'abat au gré de sa luxure vile
Sur sa proie éblouie et se délecte à voir
Venir à lui la peur fascinée et servile.

Que de fois ses baisers forçant le désespoir
Ont vendu le salut d'un époux ou d'un père
A la femme au grand cœur qui s'immole au devoir !

Chaste prostituée ! et ce monstre prospère
Peut vieillir en dîmant la vie et la beauté
Dans les loisirs pédants de son hideux repaire.

Silence ! entendez-vous par la brise apporté
Ainsi qu'un chant de coq, gai signal de l'aurore,
Un air qui dit : « Espoir » et sonne : « Liberté ! »

Il flotte entre les plis du drapeau tricolore
Et dans Strasbourg qu'émeut un trouble intérieur
Il entre avec l'accent d'une voix qu'on implore.

Cet air, aucun tyran ne l'ouït sans frayeur :
C'est toi, vieille chanson, ô chère Marseillaise.
Ton refrain nous annonce un rude travailleur,

Un des grands forgerons de la grande fournaise,
Saint-Just en mission qui promène avec lui
L'errante Némésis que nul tribut n'apaise.

Il s'avance, et soudain son regard d'aigle a lui
Calme sur les hideurs du capucin Euloge,
Et son cœur est blessé d'un héroïque ennui.

Ce Romain ne veut point de souillure à la toge
Et ne peut pardonner au chef républicain
Qui, lorsqu'il se transforme en satrape, déroge.

Il guette froidement l'hypocrite Tarquin;
Puis, quand le châtiment tardif le revendique,
Le fait saisir ainsi qu'un ténébreux coquin;

Et les claires lueurs du matin véridique
Montrent au pilori le moine souverain
Et planant d'un balcon sur le monstre impudique

Saint-Just qui le regarde impassible et serein!

VI

LE PEUPLE FRANÇAIS

DEBOUT CONTRE LES TYRANS

I

AUX SOLDATS DE LA RÉPUBLIQUE

A ANTOINE LAGARDE

> Fils de l'an deux, soldats, courages ingénus,
> Vous passez, vous courez en brûlant les étapes,
> Et je sens le désir de baiser vos pieds nus.
> JOSEPH AUTRAN.

Aînés d'une race stoïque,
Salut, vous les premiers venus
A l'appel de la République,
Chers ignorés, grands inconnus.

Le rouge soleil de la gloire
Qui pourpre encor vos généraux
Vous a laissés dans la nuit noire,
Peuple anonyme de héros.

Pourtant vous aviez dès l'aurore,
Par un élan illimité,
Suivi celle que l'on adore
L'infatigable liberté.

Au pas de cette voyageuse
Vous alliez fougueux et dispos,
Comme l'avalanche orageuse,
Presque sans halte et sans repos ;

Et vos triomphantes étapes,
O mes chers marcheurs disparus,
S'appelaient Dunkerque et Jemmapes,
Se nommaient Zurich et Fleurus.

Humbles sauveurs de notre France
Qu'exaltait le Chant du Départ,
Dans cette auguste délivrance
Vous eûtes la meilleure part.

Vous restiez doux aux faibles, comme
Des libérateurs radieux
Tenant toujours les Droits de l'Homme
Immuables devant leurs yeux.

Combattants, vous rompiez des chaînes ;
Vainqueurs, vous brisiez des tyrans ;
Vous mettiez en fuite les haines,
O populaires conquérants.

Tandis que les haines fatales
Éteignaient leurs brandons ardents,
Vous entriez aux capitales
Comme des fleuves fécondants ;

Des fleuves au flot magnifique,
Nourriciers, roulant avec eux
La fraternité pacifique
Dans un grand courant belliqueux.

Oui ! partout les foules joyeuses,
L'histoire s'en souvient encor !
Fêtaient vos mains victorieuses
Pleines de lauriers, vierges d'or.

Soldats sans rage et sans furie,
Purs de vaines ambitions,
Vous avez rendu la Patrie
Chère et charmante aux nations.

Moment sublime et trop rapide !
Rêve envié des jours présents !
Salut donc jeunesse intrépide,
Bourgeois, ouvriers, paysans ;

Car vous fûtes la grande Armée,
Splendide, sans ombre au tableau,
Sans province ou ville opprimée,
Sans Leipsick et sans Waterloo !

II

L'ARMÉE DE MAYENCE

A M. PAUL GLAIZE
PARENT DE MERLIN DE THIONVILLE

> Considérez que vous êtes Français desquels la nature est de faire et souffrir grandes choses.
> BRANTOME.

I

LE DIABLE DE FEU

Comme un épais cordon de chasseurs cerne un bois,
Pour prendre sûrement les fauves à son piège,
Ainsi toute la Prusse, acharnée à ce siège,
    Investit Mayence aux abois.

La Prusse avec son roi qui lui-même dragonne,
Comme un soldat devant nos redoutes, épris
De la ville, et jaloux d'effacer à ce prix
    Le récent affront de l'Argonne.

Or Mayence résiste, elle veut s'obstiner
A retarder la chute où le sort la destine,
Et parfois elle écoute au loin si de Custine
    Le clairon ne va pas sonner.

Mais Custine s'abstient, et la cité s'entête,
Magnanime, à subir l'épreuve des assauts,
Comme un de ces rochers où s'usent les vaisseaux,
    Impassible dans la tempête.

Car Mayence recèle un peuple de héros
Invincible à la mort qui sur leurs têtes tonne ;
Là, semblables aux vents belliqueux de l'automne,
    Se déchaînent six généraux.

Tels que les chevaliers du drapeau tricolore,
Quelques-uns retrempant un blason féodal ;
C'est Marigny qui semble avoir pris Durandal
    Au paladin dompteur du More ;

C'est Dubayet, Beaupuy, l'athlète au noble front,
Meunier, penseur promis au deuil de la patrie ;
C'est la fièvre, c'est ton courroux, c'est ta furie,
    O Kléber que les sphynx craindront !

Mais, plus que ces héros et que ces preux, éclate,
Imaginez Achille au secours d'Ilion,
Un être formidable aux cheveux de lion
    Où flotte un panache écarlate ;

Un jeune homme, un tribun, soldat improvisé,
Chef imprévu plongeant au loin son regard d'aigle,
Inspiré de la guerre et docile à la règle,
    Calme et sans cesse électrisé.

Ce lutteur sans orgueil comme sans défaillance,
Simple et sublime, c'est Merlin, l'homme au cœur fort,
Soutien d'une cité dans un suprême effort,
    Incarnation de Mayence.

C'est lui le proconsul fier de sa mission,
Tantôt prudent, tantôt fougueux, toujours terrible,
Qui multiplie aux yeux de l'ennemi, visible,
    L'esprit de la Convention.

Merlin de Thionville, un descendant d'Hercule,
Inventant le remède où surgit le besoin,
Criant à l'Épouvante: « Arrière! », au Mal : « Plus loin! »
    Et qui dit à la Faim : « Recule. »

Puis, tel qu'un épervier se précipite, il part ;
Dans les rangs ennemis, tête baissée, il plonge,
Cueille ses prisonniers, agile comme un songe,
    Et retourne sur le rempart.

Là, pour se reposer d'escarmouches épiques
Ou de combats pareils aux chocs des vieux géants,
Il aime à manier les lourds canons béants,
    Comme des cestes olympiques ;

Et poussant devant lui ces cratères d'airain,
Que de fois accoudé sur leur masse robuste !
Il fixe enfin ce bronze et le pointe et l'ajuste
    Avec un geste souverain ;

Et là, l'éclair aux yeux et la pourpre à la joue,
Visant des ennemis la vivante forêt,
Il dispose à loisir ses pièces... on dirait
    Qu'avec ses chers canons il joue ;

Si bien qu'en le voyant incomparable au jeu
Des batailles, présent partout, partout superbe,
Les Allemands qu'il fauche à loisir comme l'herbe
    Murmurent : « Le Diable de feu ! »

II

MERLIN DE THIONVILLE

Le retentissement de ta chute, ô Mayence,
Se prolonge à travers Paris... la Défiance
Plane comme un oiseau de nuit à l'horizon ;
Les passants effarés se disent : « Trahison ! »
Ici court la fureur et là l'inquiétude,
Paris attend dans une effrayante attitude
Crédule au vol de bruits sinistres ; le faubourg
Antoine a cru surprendre un piège de Cobourg
Prêt à poser sa main calleuse sur les traîtres.

Garde à vous, Mayençais ! des émigrés, des êtres
Tortueux sont mêlés à la foule, et dans l'air,
Vont dispersant les noms de Rewbell, de Kléber,
De Merlin, comme on sème une graine funeste,
Cependant qu'au dehors le murmure proteste,
Le murmure pareil aux vagues en émoi,
Les Conventionnels débattent une loi,
Mais d'un souci lointain leur raison est troublée
Et Mayence a ravi l'âme de l'Assemblée.

Tous les fronts sont en feu, tous les cœurs sont en deuil.
Soudain une rumeur s'émeut auprès du seuil ;
La porte cède, et dans la salle solennelle,
Malgré l'effort qu'oppose en vain la sentinelle,
Un homme au pied hardi fait une éruption
Étrange, et se présente à la Convention
Déguenillé, poudreux, presque méconnaissable,
Submergé par la boue, envahi par le sable,
Traînant en vils lambeaux, ainsi qu'un prisonnier,
Le drap flétri d'un pauvre habit de canonnier,
Son grand chapeau troué par la balle hagarde,
Son gilet rouge, ses bottes à la hussarde,
Lui-même hérissé de ses cheveux touffus,
Tout noyé dans sa barbe épaisse en flots confus,
Semblable aux fugitifs qu'un sort jaloux délabre,
Et pourtant appuyé fièrement sur son sabre,
Grave et simple comme un vainqueur capitolin.

Un long cri s'éleva : « Merlin ! voici Merlin ! »
Dans les tribunes, sur tous les bancs, dans la salle,
Une joie éclata, sincère et colossale,
Et de tous les côtés, à la fois véhément
S'épandait le roulis de l'applaudissement,
O République ! plus de partis, plus de haine !
La Crête se confond unie avec la Plaine

Dans un embrassement soudain et généreux.
Tous sont frères, tous sont aimants, tous sont heureux,
Grâce au tribun-soldat en qui s'est exprimée
La vivante vertu de notre jeune armée.

III

LA JEUNE FEMME

A HENRI CAZALIS

Tels que des vents du Nord, durs habitants des cimes,
Soufflant le froid, soufflant le deuil, soufflant la mort,
Dans Saint-Mihiel conquis après un long effort,
Les Prussiens déchaînés fondent sur leurs victimes.

Comme en un tourbillon qui jonchera le sol
Tremblent confusément les fragiles feuillages,
Tout ploie à la brutale approche des pillages,
Tout vacille à la chaude haleine du viol.

Seule, dans sa boutique entr'ouverte, une femme
Ménageant à l'orage un indomptable accueil,
Garde, avec un front haut et l'azur dans son œil,
La pureté du corps par la vigueur de l'âme.

Et tous ces ravageurs qui passent triomphants
A franchir l'humble seuil ne se peuvent résoudre :
Car elle les attend, sur un baril de poudre,
Les pistolets au poing, entre ses deux enfants !

IV

LES REPRÉSENTANTS AUX ARMÉES

A DÉSIRÉ NOLEN

> Il portait avec lui une idée et une épée.
> EDGAR QUINET.

Trente au moins ! je les vis souvent
Passer à travers les fumées
Sous les mitrailles enflammées,
Fronts pensifs et cheveux au vent.

L'éclair de leur sabre mourant
Disait aux races opprimées :
« Nous sommes l'âme des armées
« Et voici le Devoir vivant. »

Ni joug pesant, ni piège oblique !
Champions d'une République
Et chevaliers d'un Idéal,

Ils portent le fer qui délivre,
Contents de vaincre, sûrs de vivre,
Les boulets ne leur font point mal !

V

WATTIGNIES

A M. SADI CARNOT

> Victoire de la liberté sur la domination,
> de la franchise sur la convoitise.
> LA BOÉTIE.

Le boulet court mobile ainsi qu'un serpenteau,
Wattignies imprenable habite un fort plateau
Aux abords menaçants par mille artilleries
Sinistre et promettant de prochaines tueries.
Qu'importe ! Les Français y vont comme au gala
Libres, insouciants, légers... Carnot est là,
Carnot dans tous ces cœurs a soufflé sa grande âme.
L'Autriche a beau s'armer et de bronze et de flamme.
Chacun de nos petits enrôlés est enclin
A prendre le tonnerre au vol comme Franklin
Et leur vive chanson dit bonjour à la foudre.
Ils chantent, alléchés par l'odeur de la poudre,
Et montent au devant du canon, par d'étroits
Sentiers où l'on ne peut marcher que trois à trois.

Toute l'armée au pas de course s'échelonne,
L'œil fixé sur Carnot qui guide la colonne.
S'ils hésitent parfois, Carnot gravit toujours
Aux balles des hulans, aux sabres des pandours
Insensible et songeant bien moins à la mitraille
Qu'à l'héroïque amour qui dans son sein tressaille,
L'amour de la patrie en danger. Son cheval
S'abat! Lui va toujours, et le soldat rival
Du tribun qui le mène à la gloire en silence
D'un pas jeune et joyeux à sa suite s'élance.
Nos chétifs fantassins au fond des chemins creux
Brisent le choc puissant des cavaliers poudreux
Et sur ces corps géants que la mort amoncèle,
A travers un orage enflammé qui ruisselle,
Hâtent le dur travail de leur ascension.
O race de vaillants! ô Révolution!
Déjà sur le coteau, déjà les batteries
Se taisent, et soudain nos bandes aguerries
Dispersent les ramas des blancs Autrichiens,
Comme un veneur qui chasse une meute de chiens.
Wattignies est à nous et l'Autriche est en fuite.
Or, tandis que Jourdan active la poursuite,
Carnot, posant enfin son fusil, dans un coin
Se recueille, immobile et sérieux témoin,
Heureux d'avoir franchi ce périlleux passage,
Brave comme un héros, modeste comme un sage.

VI

PIEDS NUS

A ARMAND SILVESTRE

> Toutes ces âmes relevées
> Que d'un conseil ambitieux
> La faim de gloire persuade
> D'aller, sur les pas d'Encelade,
> Porter des échelles aux cieux.
>
> MALHERBE.

Pieds nus, tous ces bourgeois, pieds nus, ces prolétaires,
Tête en avant, ainsi que des bœufs indomptés,
Pour briser à jamais les jougs héréditaires,
Se ruèrent au front des vieilles royautés.

La sainte République envahissait leurs rêves
Seule. Ils ne sentaient point leur capote en lambeaux.
Qu'importe? à la victoire ils arrachaient des glaives,
Des fusils, et laissaient le butin aux corbeaux.

Ainsi sur les étangs glacés, parmi les sables,
Pauvres contre l'Europe opulente, et toujours
Pieds nus, ils nous ont fait des jours impérissables
Dont le nom vibre au cœur comme un choc de tambours.

Jour d'espoir et d'orgueil où la libre Hollande,
Pressant contre son sein ses fils glorifiés
Dédiait à leurs fronts sa civique guirlande
Et donnait son amour à nos grands va-nu-pieds.

VII

SAINT-JUST EN MISSION

I

LES RÊVES DE SAINT-JUST

A VALERY VERNIER

Pensif et l'œil fixé sur l'idéale amante,
La Justice, il suivait son rêve dans les camps,
Comme un songeur cherchant des fleurs sur les volcans
Ou lisant dans les cieux au fort de la tourmente.

Tout en plongeant parmi les bataillons épais,
Enthousiaste avec une grave furie,
Il rêvait, au sortir de la noire tuerie,
La rose et rougissante aurore de la paix ;

Sous cette heureuse aurore une vertu secrète
Pénétrant dans le cœur du vieux peuple gaulois,
Un désir infini de s'aimer sous des lois
Fraternelles, ainsi qu'aux saisons de la Crète ;

Tout homme à soi sévère, aux autres indulgent,
Sur le front des vieillards la sagesse honorée ;
Plus de corps affamé, d'âme désespérée,
Et le riche disant : « Mon frère » à l'indigent.

Il rêvait le bonheur du monde, églogue austère
Et tendre, où tous passaient, femmes, adolescents,
Mères dans la beauté des travaux innocents,
La mort sanglante ayant disparu de la terre ;

Le supplice, ce monstre épouvantable à voir,
Ayant fui pour jamais tous les climats serviles
Et seul, se hasardant sur la nuit dans les villes,
Le meurtrier flétri par un long voile noir.

Il rêvait la cité se découvrant une âme
Maternelle soudain pour l'enfant pauvre et nu,
Pour l'orphelin, pour toi, bâtard, triste inconnu,
Et pour la vierge en proie au séducteur infâme.

Victimes, il rêvait pour vous le jour tardif,
L'équitable chaleur réchauffant vos natures,
Un pacifique Avril offert aux créatures,
L'Avril immaculé de l'amour primitif ;

Et, sans perdre de l'œil sa mission auguste,
Il marchait au devant de la Réalité,
Armant pour l'action sa mâle volonté,
Le sabre en main, terrible aux lutteurs de l'Injuste,

Tout en voyant au loin s'avancer affermis,
Entre les citoyens que l'amour seul enchaîne,
S'avancer plus unis que le lierre et le chêne
Les jumeaux que le cœur a créés, les amis !

II

LE PASSAGE DE LA SAMBRE

Il faut passer la Sambre, et la Sambre farouche
Se cabre au froissement du Français qui la touche
Et nous rejette avec un fracas insultant
Loin du rivage hostile où la mort nous attend

Railleuse et de canons allemands hérissée.
Or notre armée hésite et faiblit, repoussée
Trois fois, ayant Saint-Just avec elle, et songeant
Que ce tribun, ainsi qu'un dompteur exigeant,
D'un seul regard courbait à ses pieds la victoire,
Chassée avec Saint-Just, elle ne peut plus croire
A l'accès d'un passage où fléchit ce héros.
La stupeur des soldats abat les généraux ;
Saint-Just est calme ; il va confiant ! ce jeune homme
Sait porter son esprit vers ces grands jours de Rome
Où le consul vaincu, d'un geste souverain,
Ramenant la victoire à son vieux char d'airain,
Souffletait l'infidèle et la battait de verges.
Si la mort est là-bas, tonnante sur ces berges,
Qu'importe au fier Saint-Just contempteur de la mort ?
Il parle, il fait un geste, et l'unanime effort
Sur le fleuve indocile emporte nos milices,
Et bientôt, comme un cerf aiguillonné de lices,
Fuit l'ennemi. Saint-Just a marché le premier,
Formidable, agitant dans son regard guerrier
Une arme qui foudroie elle aussi, la Pensée....

La quatrième fois la Sambre fut passée.

VIII

LE MARQUIS

Il avait tout donné, tout à la République,
L'héréditaire orgueil du manoir héraldique
Et l'éclat féodal du blason et du rang,
Donné son roi, donné sa fortune, son sang,
Son cœur! il combattit pour la Mère meurtrie,
Hélas! foulée aux pieds des traîtres, la Patrie.
Or son père servait dans le camp de Bourbon,
Et ce père était tendre, et ce fils était bon!
Car, malgré le divorce altier de leurs épées
Et l'inflexible choix de vertus bien trempées,
Ils s'aimaient à travers l'espace, fiers tous deux
D'un dévouement égal à des camps hasardeux,
Enorgueillis de leur tendresse immaculée,
Et leurs cœurs se cherchaient dans l'obscure mêlée.
Ne plus se voir! Destin aux mortelles rigueurs!
L'automne lente et lourde infiltrait ses langueurs

Dans l'intrépidité de ces mâles courages,
Comme deux forts sapins domptés par les orages,
Ils fléchissaient courbés, exténués, brisés
Par une nostalgie immense de baisers ;
Le fils dépérissait chaque jour, et le père
Se mourait, comme un vieux lion dans son repaire,
Un lion tout sanglant qu'isolent les chasseurs.

O pensers décevants ! ô songes obsesseurs !
Cris stériles ! appels impuissants ! agonie !

Saint-Just parut au camp, mystérieux génie...
Les grands chênes tremblaient qui virent Irmensul !
Et le Marquis alla trouver le proconsul.
Alors il demanda pour tant de sacrifices,
Pour tous ses jours usés dans les grandes milices
La faveur de presser son père dans ses bras.
Saint-Just hocha la tête et ne répondit pas.
Le Marquis s'en alla, navré jusqu'aux entrailles.

Bientôt se déchaîna l'âpre horreur des batailles,
Et les Républicains plongèrent au milieu
Des chevaux, des obus, et du fer et du feu,
Et, traversant d'un bond cette vaste tourmente,
Reparurent guidés par la Victoire aimante.

Plus avant que nul autre et d'un cœur transporté
Hardiment le Marquis s'était précipité,
Cherchant la mort avec une inquiète envie.
Le boulet respecta la fleur de cette vie.
Il conquit des canons, enleva des drapeaux,
Et, comme il revenait, ses habits en lambeaux,
Traînant des prisonniers de son bras énergique,
Triste, il passa devant le proconsul tragique.
Saint-Just fixa sur lui son œil olympien,
L'arrêta tout à coup et lui dit : « Citoyen,
« En ta jeune vertu la République espère ;
« Courage, et dès demain, ami, va voir ton père ! »

IX

HOCHE ET MARCEAU

A M. ALBERT JOLY

> Génération admirable qui vit dans un
> même rayon la liberté et la gloire.
> MICHELET.

Espoirs trop tôt ravis du siècle à son berceau,
Cher couple immaculé, passagères merveilles,
O jumeaux dans la gloire et dans la mort pareilles,
Rayonnez à jamais sur nous, Hoche et Marceau!

Aux limpides lueurs de votre double exemple,
Éclairez-nous. Hélas! notre chemin est noir ;
Pour nos yeux blessés d'ombre il est bon de vous voir,
Ainsi que deux flambeaux à la voûte d'un temple.

Et pourtant qu'étiez-vous, fils chaleureux, au jour
Où vous vous êtes dit : « En avant pour la France ! »
Des enfants... mais déjà majeurs par la souffrance,
Grands par l'enthousiasme et très grands par l'amour.

Le saint amour transforme en géants les pygmées :
L'enfant qui veut mourir est plus qu'un homme... tels
A vingt ans vous alliez, prêts aux labeurs mortels,
Imberbes entraîneurs de nos mâles armées.

Lorsque vous dispersiez les pâles combattants,
On eût dit, à voir fuir des maréchaux séniles,
L'hiver qui se hâtait vers des plages stériles,
Vaincu par les archers lumineux du printemps.

Même, ô jeunes vaillants, dans votre tombe encore
Vous semblez retenir de l'âge adolescent
Je ne sais quoi de doux, d'aimable et d'innocent,
Et vous portez au front les grâces de l'aurore.

Espoirs trop tôt ravis du siècle à son berceau,
Cher couple immaculé, passagères merveilles,
O jumeaux dans la gloire et dans la mort pareilles,
Rayonnez à jamais sur nous, Hoche et Marceau !

VII

LES HÉCATOMBES

I

LE VIEUX CORDELIER

A M. LOUIS ULBACH

> Il mourut poursuivant une haute aventure.
> PHILIPPE DESPORTES.

Le Camille railleur et guerrier dont le rire,
Plus tranchant que le fer, décapite à moitié,
Un soir qu'il se penchait sur Lucile, vit luire
L'étoile des beaux yeux féminins, la pitié ;

Et se laissant guider par cet astre sincère,
Cet astre sûr, il vit à son rayonnement
Le poids renouvelé de la vieille misère
Retomber sur la France impérieusement,

Les lourds âges d'airain, les durs âges de bronze
Au siècle rajeuni, renouer leurs chaînons,
En des corps de tribuns l'âme de Louis Onze
Et des rois plébéiens ayant changé de noms ;

Sur la place funèbre au couchant empourprée
La monotone horreur d'un sanglant tombereau,
Et dans l'ombre, sinistre engeance de Caprée,
Les délateurs taillant la besogne au bourreau ;

Partout des citoyens traqués comme des proies,
La France en noir, les longs troupeaux des orphelins,
Immobile au-dessus des baisers et des joies
Une hache, voilà ce que vit Desmoulins.

Tout le bouillonnement des antiques colères
En amertume immense afflua dans son sein,
Tant ses yeux retrouvaient les monstres sédentaires,
Eprius dans Hébert et Lénas dans Ronsin.

Cet Hébert, ce Ronsin, des chiens de guillotine
Léchant le sang français à la face du ciel,
Avec le fer brûlant des vengeances latines
Camille les marqua d'un stigmate éternel.

Sainte Ironie ! ainsi le jeune homme superbe,
Incarnant à la fois Tacite et Juvénal,
Sans crainte des serpents qui frémissaient sous l'herbe,
Se dressa fièrement seul, armé d'un journal,

Ecœuré d'échafauds, saturé de victimes,
Et lassé du supplice atroce et familier,
Il sentit la Terreur qui creusait des abîmes,
Lui le vieux Jacobin, lui le vieux Cordelier ;

Et comme pour son rêve ingénument classique
La République au front sublime n'était pas
L'idole aux dents de fer dont trembla le Mexique,
Sur des tas d'ossements déesse du trépas,

Mais une mère aimante à ses enfants facile,
Une Cybèle ouvrant ses bras compatissants,
Ayant même pour ceux que sa rigueur exile
Les faiblesses du cœur et la bonté des sens ;

Desmoulins, assumant une noble démence,
Le premier fit vibrer l'écho terrifié,
L'écho retentissant du mot divin : « Clémence ! »
La France tressaillit de ce mot oublié.

Aux Girondins martyrs hommage expiatoire !
Frère de ces héros, tu partageas leur sort,
Camille, et tu tombas comme eux avec la gloire
De mourir pour avoir voulu tuer la Mort.

II

DANTON A CAPOUE

A FRANCIS CHARMES

> Vous ne serez jamais vaincu par la vertu
> de vos ennemis. Usez de la vôtre.
> D'AUBIGNÉ.

Près de ta jeune femme étourdiment heureux,
Tout émerveillé comme un enfant amoureux,
    Ivre de la brise qui joue,
Charmé d'un rien qui chante ou qui vole, indécis,
O grand cœur de Danton, sous les saules d'Arcis,
    Aurais-tu trouvé ta Capoue ?

Aurais-tu donc, ô toi le fils d'élection
Qu'en naissant adopta la Révolution,
    Toi l'indomptable et l'énergique,
Senti, comme une lente et mortelle torpeur,
S'étendre sur tes sens bercés par la stupeur
    L'allanguissement léthargique ?

DANTON A CAPOUE.

Il fait si bon d'aller au loin, comme à vingt ans,
De refaire à sa vie un agreste printemps,
    D'errer à travers la rosée;
Près la meule odorante il est doux de s'asseoir,
Plus doux de contempler les blancs troupeaux le soir
    Près d'une nouvelle épousée.

C'est bien, Danton, poursuis ton rêve idalien;
Donne cette saison d'amour virgilien
    A tes tendresses frissonnantes;
Tandis que tu te perds en ce roucoulement,
La mitraillade en feu sévit impunément;
    La noyade dépeuple Nantes.

Sous les hideux couteaux qu'ils ont rendus sacrés,
Les Girondins sont morts et tu les as pleurés;
    Puis dans le regret tu t'obstines;
De la France assiégée ainsi que Jéricho
Partout se prolongeant jusqu'à toi vient l'écho
    Sinistre et sourd des guillotines,

Et tu dors, ô Danton ! Où sont tes grands projets !
Ces jours récents, ces jours meilleurs, où tu songeais
    A l'œuvre d'un amour immense?

Où le sublime espoir des Français déliés
Du joug de la Terreur et réconciliés ?
    Où le Comité de Clémence ?

Les Révolutions sont un terrain mouvant ;
On n'y va d'un pied sûr et ferme qu'en avant :
    En avant donc, tribun farouche
Et tendre ! Tu te tais, tu ne trouves donc pas
L'héroïque signal du vaste branlebas,
    Le cri que mugissait ta bouche.

Ta poitrine n'a plus de ces clameurs, lion,
Comme Achille pensif sous les murs d'Ilion
    Qui pressentait sa fin prochaine.
Pendant que les Français te disent : « Nous mourons ! »,
Tu laisses résigné venir les bûcherons
    Qui n'épargnent pas le grand chêne.

III

LE BAISER DE JUDAS

> Danton eût sauvé tout le monde,
> même Robespierre. «
> GARAT. (*Mémoires.*)

Quand Robespierre, las des stériles furies
Et du déchaînement sans fin des barbaries,
Non moins exaspéré d'horreur et de dégoût
Par l'Hébertisme aussi fétide qu'un égout,
Comprit que le Duchêne avec ses turpitudes
Pourrissait chaque jour le cœur des multitudes,
Inquiet et cherchant avec qui s'allier,
Il tourna ses regards vers le vieux Cordelier
Et désigna dans l'ombre aux flèches de Camille
Cette hydre aux cent replis qui pullule et fourmille.
Camille fit son œuvre et les tyrans grossiers
Qui ramenaient la plèbe aux instincts carnassiers
A jamais transpercés par cette plume artiste,
Succombèrent noyés dans leur fange hébertiste.

Mais lorsque Robespierre à peu de frais vainqueur,
Grâce à ce vieil ami Desmoulins dont le cœur
Battait pour lui depuis les heures du collège,
Put de sang froid laisser se prendre dans un piège
Cet être confiant qui l'avait tant aimé,
Le jeter en pâture au cachot affamé
Et livrer, oublieux des saisons enfantines,
La tête fraternelle au fer des guillotines,
Robespierre fut lâche et traître et meurtrier,
Et rien, même la mer, ne saurait essuyer
Aux lèvres de ce morne et fatal patriote
La trace d'un nouveau baiser d'Iscariote.

IV

FABRICIUS PARIS

A AUGUSTE ROBERT

> Nous nous embrassions par nos noms.
> MONTAIGNE.

Cruauté des Collot, faiblesse des Barère !
Ce Saint-Just est de marbre et l'autre vend son frère ;
Des vieilles amitiés il tranche le lien
Et Camille est livré par Maximilien !
Ils l'ont osé. — La nuit honteuse est leur complice,
Et, pour que leur décret inique s'accomplisse,
Des soudards d'Henriot et des gens à bâton
Se glissent ténébreux jusqu'au seuil de Danton
Et fondent vingt contre un sur cette immense proie.
Dans son nid de baisers et d'amoureuse joie
Desmoulins est saisi par les noirs racoleurs
De la mort qui riront de sa Lucile en pleurs.

Lâches ! dans un seul coup de leur filet infâme,
Ils ont tout pris, Hérault qui meurt pour une femme
Et Philippeaux qui meurt pour la justice, et toi,
Grand veneur du dix Août donnant la chasse au Roi,
Des chouans foudroyés superbe antagoniste,
Terrible épée et cœur tendre, vrai Dantoniste,
Westermann ! et tes mains triomphantes, tes mains
Qui naguères chassaient à travers les chemins
Les Vendéens sanglants, criant miséricorde,
Pour leur ravir la foudre il suffit d'une corde !

Piège ignoble ! et demain la ville à son éveil
Saura que les cachots haïs par le soleil
Dévorent ses tribuns, ses lutteurs, ses génies,
Sans répondre au défi des sourdes tyrannies
Par le cri qui s'insurge et la vaste rumeur
D'un grand flot populaire indocile au rameur.

O captifs, expiez votre sainte démence ;
Car tous vous renfront, martyrs de la clémence,
Hormis un seul, héros ignoré ; c'est Pâris,
Fabricius Pâris le greffier qui, tandis
Que les fiers accusés défendus par l'histoire
Défilent isolés vers le prétoire
Et lisent leur arrêt dans l'œil de Coffinhal,
Seul, au devant des beaux vaincus de Prairial,

Sans que son calme front sourcillât d'une ligne,
S'avança, puis d'un air simple et d'un geste digne
Dans les bras de Danton se jeta! quel baiser
Héroïque et quel cœur fallut-il pour oser
S'offrir, quand la pitié comptait parmi les crimes,
A la contagieuse approche des victimes,
Et, résigné d'avance aux vengeances du sort,
Embrasser le malheur, le péril et la mort!

V

ET LA PATRIE?

A JOSEPH LAIR

> Tant est difficile au sang français de cacher l'affection que nature lui donne envers la France.
> DUPLESSIS-MORNAY.

Tels que d'ignobles rets ou qu'une cage infâme
Emprisonnent le vol d'un aigle ou d'un condor,
    Des geôliers comprimaient l'essor,
    O Danton, l'essor de ton âme.

Génie ailé, Centaure aux bonds soudains et sûrs,
Et fait pour dévorer l'infini des espaces,
    Des tortureurs aux mains rapaces,
    T'étouffaient entre quatre murs.

Tout affamé d'air libre et de large lumière,
Parfois tu rugissais, comme un taureau captif,
    Et parfois tu restais pensif
    Songeant tout bas à Robespierre.

Mais un jour des amis soucieux d'un héros
Vinrent soudain t'offrir la prompte délivrance,
 Loin de Paris, hors de la France,
 L'asile interdit aux bourreaux.

Et toi, tournant vers eux ta prunelle attendrie,
Tu répondais : « Amis, laissez-moi mes geôliers,
 « Aux semelles de ses souliers
 « On n'emporte point la patrie ! »

VI

LE CRI SUPRÊME

A M. CHARLES SEIGNOBOS

> Les Titans sont tombés.
> ARMAND SILVESTRE.

Devant ce tribunal où Tinville assassine
Ces Cordeliers en qui la pitié prit racine,
Les voilà tous !   Hermann interroge d'un ton
Cruel et faux celui qu'on appelle Danton.
Georges Danton répond à l'interrogatoire :

« J'ai trente ans. Une tombe attend mon corps. L'histoire
« A des Panthéons d'or pour y loger mon nom.
« Je suis la voix d'airain d'un peuple, le canon
« Qui proclame aux échos sa joie ou sa colère,
« Le dur métal sonnant le tocsin populaire,

« La voix ! J'ai prononcé l'universel holà ;
« La Révolution par mon verbe parla,
« Et, tour à tour ardente, effarée ou farouche,
« Surprit les battements de son cœur sur ma bouche,
« Au dix août, au vingt juin, au Champ de Mars, et quand
« La Patrie en danger devint un vaste camp,
« Acclamant d'un seul bond mes accents militaires
« Par le multiple écho des armes volontaires.
« Oui ! je fus cette voix de la France, et c'est moi
« Où s'usa la Gironde et qui brisai le Roi,
« Qui d'un geste à vos pieds mis soudain la Belgique,
« Moi de toute œuvre énorme ouvrier énergique,
« Qui fis la République et qui fis la Terreur,
« Non pour rassasier une lâche fureur
« Et vouer l'innocent au destin du coupable,
« Mais pour que mon pays menacé fût capable
« De vaincre et d'exercer la suprême vertu
« De faire grâce après avoir bien combattu.
« J'ai flétri les bourreaux en plaignant les victimes,
« J'ai voulu le bonheur de tous..... Voilà mes crimes !
« Et maintenant, venez, vil ramas de menteurs,
« Vous mes accusateurs, mes calomniateurs,
« Monsieur le chevalier de Saint-Just ! un Barère,
« Suppôt de monarchie et des Feuillants confrère,
« Un Vouland, un Vadier, un Amar, tous Feuillants.
« Les voyez-vous là-bas ces dogues aboyants,

« Leurs museaux en arrêts à l'étroite lucarne ?
« Les yeux fixes, leur meute à notre mort s'acharne.
« Qu'elle approche pour mieux contempler le lion
« En face..... J'en appelle à la Convention !
« Nous sommes désarmés, enchaînés d'impuissance :
« Qu'ils viennent nos témoins vengeurs, notre innocence
« Rayonnera limpide au ciel de Prairial
« Et vous-mêmes, jurés, par un arrêt loyal,
« Vous nous rendrez au peuple, à l'amour, à la vie.
« Quand la grande Assemblée un moment asservie
« Nous aura tous absous d'un applaudissement,
« Jusqu'à son pur sommet la Montagne ardemment
« Nous ravira dans une ivresse auguste et fière,
« Et je pardonnerai sans doute à Robespierre ! »

La foule l'écoutait émue, et les jurés
Levaient sur le tribun des yeux mal assurés.
Il parla longuement, et quand la violence
Ou la ruse voulait le contraindre au silence,
A l'Hermann, au Fouquier, il lançait des mépris
Superbes, et ses cris d'aigle irrité, ses cris
Emplissaient les parois tremblantes de la salle
D'une sonorité terrible et colossale,
D'un bruit prodigieux de trombe et d'ouragan.
On eût dit un orage aux lèvres d'un Titan,
Tant sa voix ébranlant les vitres, dans la rue

Par le vent rejetée à la foule éperdue,
Sur Paris qui livrait ses tribuns à la mort,
Tonnait en renversant les cœurs dans le remord.
Tant les longs roulements de l'éloquente foudre
Grondaient et par moments prosternaient dans la poudre
Les fronts anéantis des juges écrasés
Qui devant un Danton semblaient des accusés.

VII

DERNIÈRE LETTRE DE CAMILLE A LUCILE

Lucile, ô ma femme-enfant,
    Réchauffant
Sourire de ma jeunesse,
Faut-il, loin de ton amour,
    Que le jour
Pour moi tristement renaisse ?

Faut-il, loin de tes baisers
    Refusés
A ma lèvre juvénile,
Qu'on m'ait plongé sans espoir
    Dans le noir
D'une prison, ma Lucile ?

Pauvre chercheur innocent,
    Ne pensant
Au peuple affranchi de maîtres

Que pour faire sans danger
     Partager
Mon ivresse à tous les êtres,

Je rêvais des jeux, des chants,
     Les méchants
Envieux d'une alégresse
Qui fit courir dans les sens
     Des passants
Les grands souffles de la Grèce.

Hélas ! en nos jours mauvais
     Je rêvais
La France enfin rassurée,
Enfin, apprenant aux cœurs
     Ses douceurs,
La République adorée !

Rêve d'or et de soleil !
     Le réveil
Me jette à trente ans dans l'ombre
Des cachots mornes et durs,
     Dont les murs
Ont compté des morts sans nombre.

O traîtres, ô mes bourreaux,
    Les barreaux
Laissent avec ironie
Entrevoir là-bas soudain
    Le jardin
De notre enfance bénie.

Que de fois sous ces lilas,
    Jamais las
D'ineffables causeries,
Nous restâmes jusqu'au soir
    Croyant voir
L'avenir plein de féeries.

L'avenir ! c'est le présent
    Écrasant
Qui répond à notre songe :
Jeunesse, gloire, gaîté,
    Liberté,
Tout fut néant et mensonge.

Sous ces fleurs, sous ces massifs
    Où pensifs
Nous buvions la joie insigne,

DERNIÈRE LETTRE DE CAMILLE A LUCILE.

Je ne vois, triste témoin,
  Que de loin
Ta mère qui me fait signe.

Et toi, tu ne peux venir,
  Cher désir,
Rose des enchanteresses,
Ame douce à respirer,
  M'enivrer
De fugitives caresses ;

Mais au moins, dans les ennuis
  De ces nuits
Froides et mélancoliques,
Tu peux, ô cœur familier,
  M'envoyer
Quelques suprêmes reliques ;

Quelques boucles de cheveux,
  Je les veux ;
Un portrait, belle des belles,
Et ce grand verre où rêveur
  Le graveur
A mis nos deux noms fidèles.

VIII

KARAMSIN

A ALBERT COLLIGNON

Calme et sinistrement joyeux comme un corbeau,
Un homme au front kalmouck ricanait dans la rue
Quand, dédaigneux parmi la foule qui se rue,
Danton et ses amis marchèrent au tombeau.

O bonheur d'avoir vu s'éteindre un tel flambeau !
L'étranger s'éloigna, sur sa face bourrue
Gardant la vision à peine disparue
D'une France arrachant à son cœur un lambeau.

Extasié, ravi, transfiguré, ce Russe
Que le Czar déléguait afin que son astuce
De la Pologne aux fers détournât nos combats,

Fêtait ce Comité sur qui n'avait pu mordre
L'esprit de propagande et célébrait tout bas
Robespierre, inventeur « du grand parti de l'ordre. »

IX

LE CUISINIER MÉOT

A ALPHONSE DAUDET

C'était Comus à Rome et c'est encore un dieu.
On l'honore, on l'admire, et dans Paris en feu
Il existe à foison des Brutus sybarites
Qui du divin traiteur ont scruté tous les rites
Et rendent à sa table un culte délicat.
Gourmet comme un chanoine en son canonicat
Plus d'un vers ces festins se glisse à la sourdine
Et chez l'inoffensif Méot la Terreur dîne.
C'est le gai rendez-vous des proscripteurs badins
Qui le jour sur Camille ou sur les Girondins
Ont à point aiguisé leur appétit nocturne.
Quant la boule de mort a bien roulé dans l'urne,
Au pâté d'ortolans on trouve des saveurs
Suprêmes, et les yeux poursuivent plus rêveurs,

Parmi les souvenirs de ces têtes coupées,
Un prochain horizon de blanches priapées.
Ils sont tous plus galants que monsieur de Bertin.
C'est Sénar, c'est Vadier, Géronte libertin,
Amar reconnaissable à ses manchettes neuves
Et qui baise les mains à celles qu'il fait veuves,
Barère est de la fête et ce subtil Scapin
Gasconne en persiflant l'amphitryon Dupin
Qui combine un dessert égrillard et médite
La mort de Lavoisier dans les yeux d'Aphrodite.

Le vin jaseur circule et bientôt le Chablis,
Verse aux sanglants buveurs l'ivresse et les oublis,
Et le désir s'allume à leur joue empourprée;
Leur corps est à Paris et leur âme à Caprée!

X

LE TESTAMENT DE CONDORCET

A M. ADRIEN HÉBRARD

I

Sage Républicain que la haine diffame,
    Sans jamais pouvoir le ternir,
Condorcet proscrit, seul, caché par une femme,
    Porte en soi l'immense avenir.
Que lui font le passé, le présent, la tempête
    Sifflante dans l'air haletant,
La hache à tout moment pendante sur sa tête
    Insatiable et qui l'attend ?
Il méconnaît la mort qui passe et qui repasse
    Incessamment dans le chemin
Et qui semble aujourd'hui ne lui faire encor grâce
    Que pour le reprendre demain.

L'âme de Condorcet stoïque, inébranlée,
    Plane au-dessus de ces périls,
Toujours plus haut et va par l'espace, envolée
    A travers de lointains exils.

Il voit l'Humanité dans son cours séculaire,
    Suit en ses bonds étincelants
La grande voyageuse et note sans colère
    Ses chutes comme ses élans.

Malgré les rois, malgré les bonzes, les satrapes,
    Les myrmidons ou les titans
Qui retardent sa marche, il compte neuf étapes
    Sur la route large des temps.

Neuf âges lumineux d'où notre race humaine
    Prend un sûr et nouvel essor,
Et part, obéissant à la loi qui la mène,
    Comme à la quête d'un trésor.

L'argonaute éternel qu'appellent sans relâche
    La science et la liberté,
Le genre humain d'un pied ferme accomplit sa tâche,
    L'itinéraire illimité,

Et, devant le penseur, témoin de chaque halte,
    De chaque oasis rajeuni,
Suit la marche en avant que Condorcet exalte,
    Le grand Progrès indéfini!

II

De cette vision le condamné s'enivre
    Et, toujours extatique et fort,
Il la déroule au pur courant d'un noble livre
    Sans trahir nul pénible effort.
Il est lui-même ardent et froid ; il nous révèle
    Dans ce limpide testament
Sa foi sans défaillir en la race nouvelle
    Et son sublime entêtement.
Il croit au Bien, il croit au Mieux, il croit au Juste :
    Le Mal, cet accident grossier,
Ne peut même entamer l'enveloppe robuste
    De ses convictions d'acier.
La Révolution le proscrit et le tue :
    Résigné tel qu'un fils pieux
Il lui garde en son cœur une blanche statue
    Sur l'autel le plus glorieux.
Il l'absout et la voit pareille à la Nature
    Dont le soleil chauffe les airs,
Morbide et meurtrier pour mainte créature,
    Vivifiant pour l'univers.

III

Ainsi dans sa retraite obscure et clandestine,
Accessible à la trahison,
Sous le couteau, non loin du champ de guillotine,
Et constamment prêt au poison,
Le sage, dédaigneux des bourreaux, pur de haine,
Embrasse de ses yeux pensifs
Les siècles à venir et l'époque prochaine
Où, libre des maux primitifs,
A jamais affranchis des fourbes et des maîtres,
Purifiés et réjouis,
Dans leur fraternité paisible tous les êtres
Iront sous les cieux éblouis.
Chantant ce songe d'or comme le chant du cygne,
Condorcet mourut consolé
De l'horreur transitoire et du présent indigne
Par l'avenir immaculé.
Il mourut en pressant dans ses bras l'Espérance
Prête encor à le secourir,
Et son dernier regard vit triompher la France
Et la République fleurir !

XI

LES MÈRES

A JULES LEVALLOIS

Ainsi les heures éphémères,
Les mois, les rapides saisons
Retrouveront toujours les mères
Assises au seuil des prisons ;

Insensibles à la cohue,
Aux cris sauvages ou moqueurs,
Saintes Niobés de la rue,
Elles restent où sont leurs cœurs.

Rien ne peut émouvoir ces femmes ;
Leur corps chétif est soulevé
Par leurs pensers : ce sont des âmes
Immobiles sur le pavé.

Leur chair devient indifférente
Au soleil comme au froid qui mord.
Leur oreille n'est plus vibrante
Que pour les bulletins de mort.

Pauvres vieillesses consternées !
Combien songent, les doigts tremblants,
A ces têtes emprisonnées,
A ces têtes sans cheveux blancs.

Combien, rejetant la folie
D'un espoir que tout leur défend,
Portent le deuil d'êtres en vie,
Veuves déjà de leur enfant.

Toutes par des sanglots fidèles
Attestent de prochains trépas,
Toutes, excepté l'une d'elles
Qui se tait et ne pleure pas.

Elle observe dans ses alarmes
Un désespoir silencieux :
La douleur a tari ses larmes ;
Les pleurs sont usés dans ses yeux !

XII

LE FAUBOURG ANTOINE

A M. CHARLES LENIENT

Avez-vous entendu frémir dans les ramures
Le vent d'automne? Tels de véhéments murmures
Traversent le faubourg Antoine soucieux.
Or le faubourg Antoine, ô frères, c'est le vieux
Patriote, le dur preneur de la Bastille,
L'escaladeur du Louvre, et celui dont la fille,
Éclose au soleil d'Août sur les pavés en feu,
Belle comme le rêve immuable d'un dieu,
S'appelle République et lance le tonnerre.

Donc, lorsque cette enfant, invincible en son aire,
Triomphe, le faubourg au cœur large est content
Et va, d'un pas joyeux, jusqu'à Ménilmontant

Ou parmi les coteaux familiers de Charonne,
Fêter la France au front de laquelle fleuronne
La victoire, et chanter l'impétueux refrain
Qui là-bas vole avec les balles sur le Rhin :
La grande Marseillaise emplit l'humble guinguette.
Ce rude travailleur en honnête goguette
Danse naïvement, sans se faire prier,
Des rigodons rhythmés par un ménétrier,
Et, lutteur fauve, admet la folâtre cadence
Des menuets galants et de la contredanse.
O joie exubérante et candide !

       Aujourd'hui
Un atterrant chagrin semble peser sur lui
Et, de ses décadis n'observant point la fête,
Il va, triste et muet, le bonnet rouge en tête,
Plus grave qu'en ces jours de labeur obstiné
Où, brisé de fatigue, au moins il se sent né
Pour vivre libre dans une fière patrie.
Non ! sa démarche est morne et sa face assombrie
Et sa voix irritée et rauque par moments
Traîne aux noirs carrefours de longs mugissements.
C'en est fait ! le faubourg Antoine est en colère !
Pourquoi?

    C'est qu'il a cru recevoir le salaire
Des périls acceptés et des tourments soufferts,

Et de cette rupture immense de ses fers,
Par la plus belle et la plus pure des conquêtes,
La République ! Mais cette dîme de têtes
Que chaque jour sanglant vient jeter sur ses pas,
Cette quotidienne offrande, il n'en veut pas.
Son âpre aversion du Royalisme tombe
Devant la monotone horreur d'une hécatombe,
Et généreux il souffre à voir tous immolés
Les innocents avec les coupables mêlés.
Les vierges de seize ans, en proie aux victimaires,
Ravissent la pitié sanglotante des mères,
Et les vieillards font mal aux jeunes ouvriers
Qui regagnent d'un pas troublé leurs ateliers
Quand ils ont vu passer toutes ces têtes blanches.

Ainsi cet échafaud immobile, ces planches
Funèbres, le panier, le couperet, le son
Et l'assiduité du régulier Sanson,
Et toute cette pompe atroce du supplice,
Le faubourg n'en veut plus, lassé d'être complice,
Même par ses regards, et se refuse à voir
Le cortège qu'on mène en foule à l'abattoir
Comme pour assouvir de sinistres frairies.
Il te faut des combats et non pas des tueries,
Brave faubourg, soldat de Santerre, et témoin
De ces hideurs, tu veux les reléguer plus loin,

Et, chaque jour, comme un orageux interprète,
Ton murmure vient dire : « Arrière ! » à la charrette.
La charrette recule interdite, et demain
La marche de la mort changera de chemin !

VIII

LE TALION

I

CATHERINE THÉOT

A FRANÇOIS COPPÉE

> Nous n'avions point encor de mères de l'Église.
> MARIE-JOSEPH CHÉNIER.

A la vague lueur des furtives veilleuses
Des êtres singuliers, aux yeux hagards, tout bas
Chuchotent des récits de choses merveilleuses,
    Des confidences de sabbats ;

Cependant qu'au dehors sous l'éclat des tonnerres
S'ouvrent de libres cœurs à la raison éclos,
Ces mesquins héritiers des convulsionnaires
    Font du mysticisme à huis clos,

Des miracles en chambre ! on prêche, on magnétise,
On confesse, on flagelle, on exorcise, on a
Un mélange inouï d'horreur et de sottise,
    La Foire jouant le Sina.

Tout cela vaticine en famille. Copistes
Vulgaires des effrois d'Erythrée et d'Endor,
Des fous, de vils fripons, de peureux royalistes
    Vont prophétisant l'âge d'or,

Sur une mer de sang des cieux d'azur sans tache,
Des glaives abaissés sur tous les rois fuyards,
La messe noire dite à l'aide de la hache
    Par des vicaires savoyards ;

Tout un surnaturel prosaïque et débile.
Mais que d'initiés se pressent dans ce lieu
Où la caduque hôtesse, idiote sibylle,
    Se proclame Mère de Dieu.

Tandis qu'elle marmonne en syllabes confuses
Les mots d'Être suprême et d'Enfer et d'Élus,
Deux filles de vingt ans captivent par leurs ruses
    Les visiteurs irrésolus.

Catherine Théot est cette vieille étrange
Sur un fauteuil juchée avec un air rêveur.
Don Gerle le chartreux fait près d'elle l'archange ;
    Rien n'est absent que le Sauveur ;

Ce Messie invoqué qu'attend un trône vide,
L'homme d'Apocalypse, unique espoir des bons,
Des justes et des purs qui guettent, l'œil avide,
    Un Christ successeur des Bourbons,

Un Christ ayant Marat pour précurseur, un maître
Mêlant dans un hommage égal, un même honneur,
Le voyant, le bourreau, la sorcière et le prêtre,
    Un doux Jésus guillotineur !

Et c'est toi, Robespierre, élève de Jean-Jacques,
Philosophe, c'est toi dont la faiblesse admet
Que ces illuminés, te dédiant leurs Pâques,
    T'exaltent comme un Mahomet ;

Jésus de la Théot, Christ du moine Don Gerle,
C'est donc toi, Robespierre ! et tous tes envieux,
De te jeter au front comme un flot qui déferle
    Ces sobriquets injurieux.

Perfide apothéose où ton renom succombe !
Écoute, Robespierre, écoute ce Vadier.
Sa parole effleurant Catherine retombe
    Sur toi comme un lourd bélier.

Le ridicule autant que le fer décapite.
Écoute encor Vadier! il parle, expert aux jeux
Meurtriers, et branlant sa tête décrépite
    Il émeut un rire orageux;

Un rire qui bondit et qui court et qui roule,
Trombe, foudre, incendie, ouragan, tourbillon,
Vaste soulèvement assez fort dans sa houle
    Pour tordre la Convention.

Ils l'avaient bien prédit, infortuné déiste,
Les Rabaud, les Guadet, ces fiers guillotinés,
Que tu serais toujours le bonze qui persiste
    A croire ses rivaux damnés.

Te voilà plus qu'un bonze, un rival des Messies
Que dans l'espoir flottant des prochains paradis
Montrent de creux vendeurs d'obscures prophéties
    A des badauds dans un taudis.

Ah! qu'une fois au moins ton grave orgueil se cabre
Et qu'il repousse avec des mépris menaçants
Tes mages de hasard et ta sainte Chalabre,
    Toutes tes porteuses d'encens;

Car ce culte secret, honteux, calqué sur Rome,
Réclame de ta part un hautain désaveu.
Lorsque, tribun puissant, on se croit un grand homme,
    L'on n'a pas besoin d'être un dieu!

II

DERNIÈRES PENSÉES DE SAINT-JUST

A ÉMILE BLÉMONT

> Il faut que tout s'éteigne.
> SÉNANCOURT.

Toujours triste, toujours harcelé de funèbres
Visions et toujours hanté par les ténèbres,
Saint-Just n'espérait plus et répétait souvent :
« Mieux vaut le héros mort que le lâche vivant ! »
Et, comme pressentant l'infaillible défaite,
Il disait : « Ceux par qui l'œuvre est à moitié faite
N'ont su que se creuser ici-bas leur tombeau.
Le vent souffle. Éteins-toi, dérisoire flambeau,
Dont la flamme impuissante et déjà moribonde
N'aura pas assez lui pour éclairer le monde.
Éteins-toi ! »
    Puis, songeant combien pour ses lutteurs
Le peuple a des oublis cruels et contempteurs,

Sentant profondément l'ingratitude aiguë,
Il jugeait que l'unique amie est la ciguë,
La seule qui jamais n'ait trompé notre espoir.

Ainsi, comme un soleil au déclin vers le soir,
Comme un soleil pâli par la teinte automnale,
Penchait celui qui prit sa course matinale
D'un pied si bondissant, comme un soleil d'été
Se lance dans l'espace et dans l'immensité
Et, se précipitant sur la terre, l'inonde
Du grand baiser de feu qui dévore et féconde.

Comme l'astre au couchant, tel Saint-Just s'affaissait.
Mais parfois, redressant son front pâle, il pensait
Que la gloire survit au héros qui succombe
Comme un marbre immortel sculpté sur une tombe,
Un marbre impérissable ombragé de lauriers ;
Et que, pieux vengeurs des oublis meurtriers,
Les siècles tour à tour vont porter leur prière
A cette tombe où dort la stoïque poussière.

O toi déjà blessé par le prochain trépas,
Proscrit du lendemain, tu ne te trompais pas.
Sur ton récent tombeau se dresse encore ta gloire.
Elle est de marbre ainsi que fut ton cœur. L'histoire

A planté tout autour, vivace et renaissant,
Un laurier nonpareil, s'il n'était teint de sang,
L'histoire qui se dit, ô jeune homme de Sparte,
Que toi seul aurais fait reculer Bonaparte !

III

8 ET 9 THERMIDOR

A M. ERNEST HAVET

> Les morts se vengent.
> ESCHYLE.

I

L'ORAGE

La séance est ouverte et Saint-Just a parlé
    En insidieux coryphée,
Et tous se laissaient prendre à ce sophisme ailé
    Quand cette voix fut étouffée.

Un seul cri. Tallien le poussera, ce cri,
    Ce cri de révolte et de haine,
Tel qu'en saurait lancer, dressant son bras meurtri,
    Un esclave qui rompt sa chaîne.

Et Billaud lui répond, mieux qu'un écho vibrant,
    Dardant ses phrases avec rage
Comme les jets tordus de l'éclair fulgurant
    Qui se fait suivre de l'orage.

La Montagne frémit belliqueuse. Merlin
    Croise les bras, noble adversaire ;
Lecointre montre avec un geste sibyllin
    L'arsenal que sa poche enserre.

A droite il est plus d'un royaliste masqué
    Avec une secrète joie
Qui guette le moment de s'abattre, embusqué,
    Sur une formidable proie.

D'autres, purs Girondins, fidèles aux cyprès
    De mainte adorable victime,
Savourent en heureux convives les apprêts
    De la vengeance légitime.

D'autres enfin, plus froids qu'au profond des jardins
    La statue en pleine charmille,
Songent, vindicatifs comme ces Girondins,
    A leur Danton, à leur Camille.

La Montagne frémit fiévreuse, mais son cœur
    Est dur à l'égal de la pierre.
Car tous ont résolu, dans leur mâle rancœur,
    Ta lourde chute, ô Robespierre !

Fanatique imprudent qui vise au dictateur,
    Robespierre s'est fait connaître,
Et la Convention de toute sa hauteur
    Se dresse contre ce grand prêtre.

Elle n'a pas brisé l'orgueil bourbonien
    En son audace triomphante
Pour retomber au joug de Maximilien,
    Fade et lugubre sycophante.

Or Robespierre est là sans pouvoir s'emparer
    De la tribune refusée.
Il veut parler : dût-il rugir, dût-il pleurer,
    Tout provoquerait la risée.

Il veut parler. Mais tel que l'impuissant rameur
    Qu'étreint la trombe colossale,
Il retombe opprimé par l'énorme clameur
    Qui bondit à travers la salle.

« Mort au tyran ! à bas le tyran ! » Cette voix
    Prodigieuse et sépulcrale
Sur tous les bancs éclate et fulmine à la fois :
    Le vaincu balbutie et râle.

Il prie en vain la Droite et se suspend aux seins
    De l'espérance malévole.
Il s'écrie éperdu : « Président d'assassins,
    Je te demande la parole ! »

La sonnette inflexible étouffe encor tes sons,
    O Rhétorique à l'agonie,
Et Robespierre écoute avec d'affreux frissons
    Ce long glas de sa tyrannie.

II

OU CAMBON INTERVIENT

Quand Maximilien, en habit bleu de ciel,
Débita sa harangue interminable et fausse
Qui vaguement poussait des hommes vers la fosse,
Avec un ton poli, doucereux et cruel,

Il eut beau prodiguer tout son sucre et son miel,
Et rajuster sa phrase ainsi qu'un haut de chausse
Pour désarmer Cambon que le Devoir rehausse,
Mais qu'il avait rapide éclaboussé de fiel.

Le rude citoyen d'un seul bond électrique
Surgit, et sa parole, à l'instar d'une trique,
Tomba sur Robespierre et lui cassa les os,

Et le fit repentir de sa lâche escapade,
En infligeant sur place au tueur de héros
Le supplice qui sied aux fourbes, l'estrapade !

III

LE SANG DE DANTON

Robespierre isolé, convulsif, aux abois,
Se débattait les yeux hagards, presque sans voix,
Lorsque, tel qu'un serpent tapi sous une touffe,
Un Montagnard soudain s'élançant lui dit : « Vois
    Le sang de Danton qui t'étouffe. »

L'homme d'Arras eut beau rebondir, il eut beau,
Comme un guerrier mourant sous le bec d'un corbeau,
Protester par l'accent d'une ironie altière.
Ce fut tout! Il se tut, comme au seuil du tombeau.
    Ce sang étouffait Robespierre.

Il se tut : aux regards du lutteur haletant
Toujours ce sang fatal s'élargissait, montant
Jusqu'à ses pieds, comme une implacable marée,
Plus haut, puis tout autour de son corps pâle, autant
    Qu'une grande mer empourprée.

IV

PARIS

A qui sera Paris? problème
Qui sollicite en même temps
Le tribun d'Arras au front blême
Et les comités haletants.
A qui sera Paris? l'histoire
Jusqu'ici donne la victoire,
Ville énigmatique, ô Paris,
Non pas aux plus braves athlètes,
Mais, fussent-ils des femmelettes,
A tes fortunés favoris.

C'est toi, Sphynx oublié d'OEdipe,
Qui vas dispensant le succès,
Sans loi, sans règle, sans principe,
Mouvant à loisir les Français,
Tantôt arrachant la Bastille,
Tantôt plus lâche qu'une fille
Et si variable en tes jeux,
Qu'Antium t'eût voué son temple,
Grand corps que ma stupeur contemple,
Sublime hier, demain fangeux.

Es-tu dans tes jours d'indolence?
Quel sera ton élu ce soir?
Pour qui donc penche ta balance
Et pour qui fléchit ton vouloir?
Es-tu facile à Robespierre?
Ce dictateur de cimetière
A-t-il pris ton cœur décevant,
Ou pour ta vaillante assemblée
Te jettes-tu dans la mêlée,
Cocarde et république au vent?

Non! Paris incertain oscille,
Et Robespierre est délivré,
Et la Commune mal docile
Décrète et proscrit à son gré;

Et ses émissaires nocturnes
Dans les sections taciturnes
Vont portant je ne sais quel mot.
On dirait les temps de Tibère :
La Convention délibère
Sous les canons d'un Henriot.

Les messagers passent, repassent,
Croisant dans la nuit leurs mandats.
Mornes, les deux partis se lassent,
Sans combattants et sans soldats.
Voyons donc, ville au bras d'Alcide,
Arme-toi, discute, décide ;
Songe qu'il te faudra marcher
Pour l'Assemblée ou la Commune.
Non ! muet sous le clair de lune,
Paris ne veut pas découcher !

C'est que la Terreur familière
Et l'échafaud quotidien
Ont énervé ton âme fière,
Pauvre peuple parisien !
C'est le prix de ton inconstance.
Une aussi dure pénitence
T'attend plus d'une fois encor.
O patriotisme éphémère !

Tel sera servile en Brumaire
Qui reste neutre en Thermidor!

V

L'HOTEL DE VILLE

Nul ne vient! nul n'accourt au mot de ralliement.
  Devant les tribunes désertes
La Révolte isolée, attentive aux alertes
  Persiste convulsivement.

Ni les pesants faubourgs armés de bonnes piques,
  Ni les Jacobins leurs rivaux
Ne sont venus aider en ces derniers travaux
  Nos proscripteurs philanthropiques.

C'est assez du deux Juin; et cette fois, du moins,
  On ne verra pas une bande
Foulant aux pieds les lois danser la sarabande
  Auprès des Girondins témoins.

Non! l'angoisse les prend, comme la solitude
  Étend sur eux ses froides mains :
Seuls les plus convaincus ou les plus inhumains
  S'obstinent en leur attitude.

Quelques-uns ont gardé l'espoir dans leur œil dur,
    C'est Payan lancé par Vaucluse,
L'Auvergnat Coffinhal que plus d'un mort accuse
    Et l'homme au cœur de tigre, Arthur.

Séide timoré que l'amitié décide,
    Couthon est venu pour mourir
Et, si nul allié ne veut les secourir,
    Il accepte le suicide.

Les plus jeunes parfois guettent le moindre bruit.
    Qu'espèrent-ils voir apparaître?
On ne voit, à travers la blafarde fenêtre,
    Que la lune large et la nuit.

Et cependant, offrant leurs poitrines pour cibles,
    Prêts à vaincre comme à finir,
Robespierre et Saint-Just embrassent l'avenir,
    Solennellement impassibles.

Mais Saint-Just se réveille et veut agir. Il faut
    Arracher des cris et des larmes
Au peuple, centupler un vaste appel aux armes,
    Et combattre avant l'échafaud.

« Signons tous ! » Robespierre hésite ! Ce rebelle
  Laisse son bras comme allangui
Retomber, et tout bas demande : « Au nom de qui ? »
  Grande parole et vraiment belle !

Ah ! que ce mot lui compte à son dernier moment !...
  Il signait pourtant, mais la porte
S'ouvrit ! quel est ce flot que l'escalier apporte,
  Le salut ou le châtiment ?

Les quais se sont emplis d'une troupe serrée :
  Paris n'est donc plus indécis ;
Voici les Gravilliers, la Cité, les Arcis,
  Et la baïonnette acérée,

Et les fusils sonnant sur le pavé des quais,
  Et les lourdes artilleries,
Et, solides au choc parmi les batteries,
  De bleus gendarmes convoqués.

Pour qui vient ce renfort ? pour vous, Syllas d'églogue ?
  Ah ! connaissez votre abandon ;
C'est ton armée, ô Loi, c'est Léonard Bourdon,
  Le patriote pédagogue.

Marchez! la République est là devant vos rangs.
　　　Un dictateur vaut un monarque.
Que la même Furie et que la même Parque
　　　S'acharnent sur tous les tyrans.

Bravo! Parisiens tardifs! la Marseillaise
　　　Est contente et fière de vous!
La Liberté vous nombre à votre rendez-vous.
　　　Ah! merci, légion française!

Bien, Gravilliers! vengez Chaumette, et vous Danton,
　　　Patriotes qu'hier encore
Opprimait ce sophiste égorgeur que décore
　　　Le fanatisme d'un santon.

On entre. Un coup de feu retentit: le tumulte
　　　S'épand; et, parmi les fuyards,
On voit, quand la fumée éclaircit ses brouillards,
　　　L'idole, sans prêtre et sans culte,

Robespierre gisant aux pieds du meurtrier,
　　　Du blond Merda, de ce gendarme,
Qui grave, indifférent et la main sur son arme,
　　　Se croyait un bon ouvrier.

Oui! gendarme, ta main fit tragique besogne,
    Mais, cependant qu'à ton signal
On ramasse Couthon, Dumas et Coffinhal
    Et cet Henriot sans vergogne;

Que Lebas s'est tué, martyre fraternel,
    Qu'Augustin Bon par la fenêtre
Se jette et que Saint-Just, bien moins captif que maître,
    Observe son calme éternel,

Gendarme insoucieux, toi qui, la tête fière,
    Tomberas à la Moskowa,
Ton coup de pistolet n'est point ce que rêva
    La conscience justicière.

Pour celui qui s'est fait presque l'égal d'un roi,
    La seule et suprême blessure
Appartient à ta hache inexorable et sûre
    Dans ta main de déesse, ô Loi!

VI

LE SUPPLICE

Juste ou pervers, celui qui menace un Sénat,
Qui veut plier le Droit sous le joug de la Force,
Commet plus qu'un viol et qu'un assassinat,
    Qu'il soit Français ou qu'il soit Corse !

Le pire usurpateur n'est point le général ;
L'homme de Thermidor vaut l'homme de Brumaire :
Tous deux ont pratiqué l'attentat immoral
    Sur la République leur mère.

Le premier est tombé pesamment. Sois puni
Pour ton rêve odieux d'immense dictature,
Pour ta complicité dans le meurtre infini,
    O captieuse créature.

Robespierre ! les morts se vengent aujourd'hui ;
Aux fosses de Monceaux tes victimes tressaillent ;
L'image de Danton dans un éclair a lui ;
    Camille et Lucile t'assaillent.

Invisibles ils vont dans l'air mystérieux
Et sentent le supplice et flairent l'agonie,
Et jusqu'au dernier souffle ils poursuivront tes yeux,
    Double et redoutable Erynnie.

Les morts sont là ! marchez au supplice banal,
Députés, tape-durs, jacobins, côte à côte,
Hardi Payan, Dumas tueur de tribunal,
    Et toi Saint-Just la tête haute !

Mourez ! les cris vengeurs souvent vous poursuivront
Sans fléchir votre calme et votre quiétude.
Soit ! ne regardez pas ceux qui dansent en rond ;
    Car ce n'est que la multitude.

Mais, bien plus que la foule au ramas menaçant,
C'est l'Histoire elle-même à la ferme paupière,
Qui jette ainsi l'affront de ces gouttes de sang
    Sur ta maison, ô Robespierre.

Meurs donc ensanglanté. Souviens-toi : tes vertus
Pèseront toujours moins que tes hontes célèbres,
Ton nom, ô trahisseur des amis abattus,
    N'est point sorti des noms funèbres.

Et, crime encor plus grand qu'ont ressenti nos fils,
Soufflant un fanatisme à la Gaule affranchie,
Par ton jaloux orgueil de sectaire, tu fis
    Renaître en toi la Monarchie !

IX

APRÈS THERMIDOR

I

LA MAISON DES DUPLAY

APRÈS LE 9 THERMIDOR

A PAUL BOURGET

> C'est toi qui dors dans l'ombre, ô sacré souvenir !
> VICTOR HUGO.

O maison dans la nuit et toi, fenêtre veuve,
Fenêtre des Duplay, d'où se pencha souvent
Le vieux père épargné par la sanglante épreuve,
Pieux à ses lointains souvenirs et rêvant
A de grands morts tombés là-bas au bord du fleuve,
Et plus vite emportés que les feuilles au vent !

Maison du menuisier où, dans une ombre austère,
Fière du nom martyr de madame Lebas,
Une veuve fidèle au rêve égalitaire
Berçait le nouveau-né qui lui tendait les bras,
Et, parfois abaissant son front farouche à terre,
Enviait cet enfant qui ne comprenait pas ;

Maison ouverte au deuil, à tout autre fermée,
Où, loin de cet Avril de l'âme qui bruit,
Immolant sa jeunesse en larmes consumée,
Vécut dans la pudeur d'un idéal détruit
Une vierge au grand cœur de Robespierre aimée...
O toi, fenêtre veuve ! ô maison dans la nuit !

II

MADAME TALLIEN

A ARSÈNE HOUSSAYE

> C'est bien, et maintenant qu'Alcibiade vienne.
> F. PONSARD.

Hérodiade au chœur dansant de Thermidor,
Dans sa voluptueuse et folle apothéose,
Elle vole, elle va, blanche en son wiski rose,
Partout où la promène un inconstant essor.

Demi-nue et cerclant ses pieds de carlins d'or,
Elle est la Fantaisie et le Caprice. Elle ose :
Robes à la Diane et chapeaux Primerose
Illustrent sa toilette à l'égal d'un décor.

Tout ce qu'elle revêt et tout ce qu'elle touche
Fascine : sur sa gorge, en guise de cartouche,
Serpentent d'onduleux diamants de houri.

On dirait à la voir dans un nuage d'ambre
Cléopâtre : non loin Antoine, son mari,
Porte un jabot taché par le sang de Septembre.

III

A QUELQUES THERMIDORIENS

Ausi omnes immane nefas auso que potiti.
VIRGILE.

Je suis homme et n'ai point le souci d'être un ange.
    Dans mon cœur chaud bat un sang prompt.
Ainsi qu'aux temps hébreux je conçois qu'on se venge !
    OEil pour œil, affront pour affront,
Dent pour dent, mort pour mort ! rage des représailles;
    Acharnement du talion,
Je vous comprends et sens parfois dans mes entrailles,
    Bondir la fureur d'un lion.
Ce que je n'admets point, ce que j'estime infâme,
    Même aux yeux des galériens,
Ce sont les cruautés, que nul courroux n'enflamme,
    De quelques Thermidoriens.
Soyez honnis, vautours dissimulant vos serres,
    O vous qui vous croyiez permis,

Pour capter le pardon de vos vieux adversaires,
    De fondre sur vos vieux amis.
Vos amis ! trop souvent, ô traîtres, vos complices,
    Vos camarades proscripteurs,
Décrétant avec vous la foudre des supplices
    Sur les formidables hauteurs ;
Vos compagnons d'horreur, de péril et de gloire,
    Avec lesquels vous partagez
Et des mêmes excès la honte expiatoire,
    Et l'honneur des mêmes dangers.
C'est vous qui, les couchant un par un sur les listes
    Où les proscrits sont entassés,
Donnez à dévorer aux dents des royalistes
    La Montagne dont vous naissez.
La faim aristocrate étant inassouvie,
    A votre souper de Caïn,
Vous tenez toujours prêt au gré de son envie
    Un aliment républicain.
Digne immolation ! courageux sacrifices !
    O Terroristes apostats,
Vous convoitez aux prix de ces lâches offices
    L'oubli de vos longs attentats.
Sur un passé cruel votre effroi vous conseille
    De tendre de sanglants rideaux.
Tu crois donc, ô Fréron, faire oublier Marseille,
    Tallien, effacer Bordeaux ;

Tous enfin, vous soldez la rançon de vos crimes
    Par des reniments inhumains,
Et payez votre écot pour le bal des victimes
    Avec des têtes dans les mains.
C'est ainsi que l'on plaît aux Muscadins en joie,
    Aux Collets noirs qui font chorus,
A Coblentz où vous guette un frôlement de soie,
    Au boudoir de la Cabarrus.
Mais c'est ainsi qu'après votre règne, agonie
    Dont la République a péri,
Un souvenir constant de votre ignominie
    A marqué votre nom flétri,
O Thermidoriens que l'histoire équitable
    A pris dans son mâle dégoût,
Comme Vitellius au sortir de la table,
    Pour vous jeter dans un égout.

IV

GAITÉS LYONNAISES

A ALFRED RAMBAUD

> Ce deux septembre renouvelé tous les jours par des jeunes gens qui sortaient d'un bal et se faisaient attendre dans un boudoir.
> CHARLES NODIER.

Ce sont des modérés, de dignes jeunes gens ;
Il flattent de la main leurs jabots engageants
    Et font valoir leurs bas de soie ;
Tout est merveille, tout est délices, tout,
Leurs habits en droguet tourterelle, et surtout
    Leur art de se tenir en joie.

Lyon entier honore et fête leurs plaisirs
Ingénieux, l'aimable emploi de leurs loisirs,
    Et des bourgeoises accomplies,
Avec ce long soupir précurseur du baiser,
Disent : « ces jeunes gens, qu'il savent s'amuser
    Et comme ils font bien les folies ! »

C'est le soir, au sortir des cafés, que vraiment
Ils ont des jeux mêlés de verve et d'enjouement,
    Quant ils se mettent en campagne,
Chemin faisant couchant sur les pavés rougis
Quelque Jacobin mort, jusqu'au discret logis
    Où pétillera le Champagne.

Parfois, quittant un bal en pleine pamoison,
C'est leur caprice encor d'envahir la prison,
    Et, pour varier les quadrilles,
D'aller, les violons en tête, massacrer
Tous ces républicains sans armes, éventrer
    Ces gueux, même aux yeux de leurs filles.

Si les filles en pleurs sur les corps expirants
Se jettent, réclamant aux tueurs leurs parents,
    Tout beau, petites insolentes !
Nos braves muscadins, fouettant à tour de bras
Votre deuil filial, feront sur vos appas
    Maintes gorges-chaudes galantes.

Puis de retour, parmi les femmes et les fleurs,
Ils se pavaneront, pimpants et persifleurs ;
    Ils plairont aux dames âgées,

Ils raviront le cœur d'Églé par leurs récits
Et leurs propos badins sur ces vieillards occis
  Et sur ces vierges fustigées.

Qu'ils sont gais ! leur famille est bien heureuse. Ainsi
Lyon n'a jamais vu de pareils sans-souci,
  Au balcon doré des théâtres,
Braquant sur le parterre un fusil clairvoyant,
Poignardant leur voisin d'un air doux et riant ;
  Que ces jeunes gens sont folâtres !

Momus a chacun d'eux pour élève et rival :
Aussi, pour mieux payer leur sanglant carnaval,
  De bravos, de vivats, d'éloges,
On escorte à l'envi nos égorgeurs coquets,
Et la pluie odorante et molle des bouquets
  Sur leur front ruisselle des loges.

Il faut que le lion sommeille en vérité,
Pour laisser s'ébaudir la féroce gaîté
  De ces échappés de ténèbres
Cachés hier encor dans les lâches exils,
Singes qui vont jouant aux panthères, et vils
  Histrions de farces funèbres.

Qu'il se réveille un jour, le lion montagnard,
Et nos facétieux chevaliers du poignard,
   Reconnaissant l'hôte des jungles,
Tomberont écrasés la face à terre, avant
Qu'il ait daigné sur eux, à peine se mouvant,
   Abaisser ses terribles ongles.

V

LA MAISON DE SANTERRE

A VICTOR LENOIR

> Qu'osez-vous faire, chétifs et misérables mortels ?
> ARISTOPHANE.

Tous ces messieurs poudrés que Thermidor ramène,
Par Fréron enrôlés et guidés par Kilmaine,
Cernent le grand faubourg Antoine de canons.
Trois héros dont le cœur du peuple sait les noms,
Trois montagnards y sont cachés.
      A les poursuivre
Tenace, la jeunesse exige qu'on les livre
Et prétend arracher au plébéien dompté
Ce triple et fier dépôt de l'âpre liberté.
Même dans un accès de rage militaire
Ils parlent de brûler la maison de Santerre.

La maison de Santerre!
                    ô risibles héros,
Fanfarons effarés, guerriers godelureaux,
La maison de Santerre, est-ce qu'on l'incendie
Avec vos impuissants brandons de comédie?
Vous avez beau rouler des yeux extravagants.
Halte-là! savez-vous, porteurs de catogans,
Que de cette maison à vos torches promise
S'est élancé, dressant une pique insoumise,
Le dix Août, qui s'armait d'un belliqueux soleil,
Orageux sous le ciel sans nuage, et pareil
A ces dieux flamboyants dont l'ardeur coutumière
Lançait la mort avec des flèches de lumière.
Arrêtez-vous devant ce redoutable seuil
Muscadins, et craignez que pour vous faire accueil
Il ne soit encore là, là derrière la porte,
Lui, le dix Août, prêt à sortir et qu'il ne sorte!

VI

AUX MORTS DE PRAIRIAL

A LÉON LEMOINE

> O morts qui ressemblez à des apothéoses!
> LOUISA SIEFERT.

O Romme, Soubrany, Goujon ! hier encor
A la tribune, aux camps, leur vaillance affermie,
Des soldats citoyens précipitait l'essor
Ou bravait la Terreur même avant Thermidor,
    Après Thermidor l'infamie !

Hier ils étonnaient des êtres inhumains
Par leur courage austère et leur fierté modeste ;
A leur vue on eût dit les derniers des Romains.
Aujourd'hui la prison aux mornes lendemains
    Les engloutit... on sait le reste.

Mais il n'attendra pas ce groupe montagnard
Sur l'échafaud banal la hache inassouvie
Ni la foule insensible au vague et long regard,
Ils ont su se transmettre avec un seul poignard
    L'affranchissement de la vie.

Heureux ces morts! leurs yeux libres n'ont plus à voir
Rovère qui trahit, Tallien qui pactise,
Du peuple consterné l'infini désespoir,
Et, plus cruel encore aux martyrs du Devoir,
    Le triomphe de la Sottise.

Et vous qui les tuez, par l'Histoire flétris,
Vous envirez un jour la mort qui les délivre,
Que vous restera-t-il, quand vainement surpris
Vous subirez le joug d'un maître et son mépris,
    Rien que le lâche ennui de vivre!

VII

LA TERREUR BLANCHE

A LECONTE DE LISLE

> Terre du Midi imbibée d'un déluge de sang.
> MERCIER.

I

LES DÉMONS DU MIDI

Les pourpres du couchant sont charmantes ce soir :
La campagne sourit au ciel qui la féconde,
Ciel du Midi tendu tel qu'un clair reposoir.

La lumière en mourant s'écoule ainsi qu'une onde
Délaissant à regret les lignes et le pur
Contour des monts sculptés où l'air limpide abonde.

Le crépuscule pose un pied incertain sur
Le bleu parvis où nage encor la transparence
Et dans les plis de son manteau retient l'azur.

Comme une vierge dans sa rieuse ignorance,
Cette terre est joyeuse et promise au bonheur ;
Des souffles confiants flottent sur la Durance.

O Fond Segugne ! ô Fond Clarète ! ô doux honneur
Des frais vallons où court une errante alégresse.
Qui ne se sentirait heureux, pâtre ou faneur,

Noyé dans ses parfums et bercé dans l'ivresse
D'une nature aimable et bonne, et d'un éther
Qui baise en la Provence une sœur de la Grèce ?

D'invisibles péans voltigent sur la mer
Et d'un enivrement païen l'âme est saisie :
Le moment n'est-il point de fêter Jupiter !

C'est comme un renouveau d'antique fantaisie ;
Dans ces champs apaisés tout se prête à bénir
L'indulgente beauté des buveurs d'ambroisie.

Est-ce à l'antique appel de ce grand souvenir
Qu'un essaim turbulent au détour de la route
Le thyrse en main, l'acanthe au front, semble venir ?

Le thiase au saint bruit se déchaîne, et sans doute
Ce sont de bruns pasteurs, Evans improvisés,
Qui traînent brusquement la Bacchanale...
          Ecoute

Ecoute la rumeur sonore des baisers
Et sur le sol poudreux rebondir les cadences
Et le chant qui se heurte aux échos reposés ;

Car le rauque refrain alterne avec les danses
Et la femme est mêlée au cœur tumultueux
Comme la Mimalone aux belles impudences.

Ces filles en désordre et ces impétueux
Jeunes gens, où vont-ils plus vite que la vague ?
L'Orgie aux longs transports renaît-elle pour eux !

Les bois sont embaumés de Maillane et d'Eyrague
Et dans tes blés vivants, ô Barbantane, dort
Une brise d'amour adorablement vague ;

Mais hélas ! le délire orageux qui les tord
Ces étranges danseurs n'est pas la noble extase ;
Le rhythme de leur chant est un rhythme de mort.

Leur pas va par saccade et frénétique écrase
Les pauvres fleurs; ce sont les enfants de Jésus
Qu'exaspère d'Isnard la meurtrière emphase.

Tournoyants, convulsifs, fauves, et n'étant plus
Que les vils instruments d'une Némésis lâche,
Ils vont, les yeux hagards et les bras résolus,

Maniaques bourreaux, sans stupeur, sans relâche,
Avec leurs mains, leurs dents, leurs ongles furieux,
Accomplissant l'horreur aveugle de leur tâche,

Tuant sous la douceur de l'azur radieux,
Tuant sous la splendeur clémente de la vie,
Sous la sérénité pacifique des cieux ;

Tuant toujours dans leur démence inassouvie
Et sautant, et menant au branle du poignard
Toute une farandole homicide et ravie.

La ronde est douce aux prés où rit Château-Renard,
Devant une victime en lambeaux qui pantèle,
Et le sang a l'odeur ineffable du nard.

Il n'est pas de musique aux sons enchanteurs, telle
Qu'une obscène chanson hurlée en chœur, autour
D'un vieux républicain que la foule écartèle ;

Et c'est l'ardent signal des baisers au grand jour
Et des enlacements parmi les hautes herbes
Quand vingt républicains sont tombés à leur tour

Sous le tranchant des faux comme en été les gerbes.
Tels qu'après la bataille un vol noir de corbeaux,
Les meurtriers en plein pillage sont superbes.

Et leurs femmes, les yeux ardents, les trouvent beaux,
Rougissantes d'orgueil et nullement surprises,
Heureuses, et l'on fait l'amour sur les tombeaux.

Courage, ruffians et vous filles éprises.
Vive le roi ! buvez, mangez parmi les morts
Et partagez l'argent ensanglanté des prises.

Puis, las de ce repos sur des monceaux de corps,
O bande royaliste, ô troupeau frénétique,
Reprends ta course folle interdite au remords,

Et va toujours, stupide, atroce, ivre, lubrique,
Sans faire sur l'amas des fiers cadavres choir
L'impérissable effroi du mal, la République !

Les pourpres du couchant sont funèbres ce soir.

II

LES COMPAGNONS DU SOLEIL

Les voilà tous, ceux de Gadagne,
 Ceux d'Eygalière et ceux d'Aubagne
Dans la fraternité formidable du bagne ;

Tous, au signal de Job Aymé,
 Fondant comme la grêle en Mai
Sur le républicain stoïque et désarmé,

Et partout d'une main hardie
 Exécutant leur tragédie
Avec le vol, avec le fer et l'incendie.

Qu'ils passent, légers sur le sol,
D'un air insoucieux et fol,
Ces chevaliers errants du meurtre et du viol;

Que ces paladins avec joie,
Pêcheurs ou tireuses de soie,
Convoitent la dépouille opime de leur proie,

Et que, sous les peupliers blancs,
Frissonnant d'horreur et tremblants,
Ils supportent leur or dans leurs doigts ruisselants;

Que ces bruns héros en guenilles
Saccagent les chastes familles,
Et qu'au butin les plus rapaces soient les filles.

Oh! les belles, contemplez-les
Jouant avec les pistolets,
Égrenant sur les tas de morts leurs chapelets;

Jetant la boue à ceux qu'on hue,
Battant des mains à ceux qu'on tue,
Cœurs d'hyènes dans des poitrines de statue.

Dormez! et que votre appareil
Meurtrier surgisse au réveil,
Mais ne vous nommez pas Compagnons du Soleil.

Ames pour les ténèbres nées,
Si vos prouesses effrénées
Sous les feux du Midi vivent illuminées,

Pour vous que le crime conduit,
C'est à regret qu'un soleil luit ;
Vous êtes faits pour l'ombre et voués à la nuit.

N'est-ce pas, grand astre sincère?
Tout oiseau sombre dont la serre
Est sanglante te fuit ainsi qu'un adversaire.

Mais les assassins sans détour
Affrontent ton rayon d'amour,
Conscience éclatante et sévère du jour!

III

LE FORT JEAN

On pille, on égorge, on viole !
Le satyre partout vient en aide aux bourreaux ;
A Vacqueiras où vibre un doux son de viole
Passent lugubrement de sanglants tombereaux.

Beau troubadour et beau trouvère,
Où sont-ils ces doux nids de la bonne chaleur,
Salon que la verdure égaie, et Roquevaire,
Et cette Barthelasse heureuse d'être en fleur ;

Et Noves qu'illumina Laure
De ses regards pareils aux cristaux transparents ?
Ces paradis d'azur qu'un feu vivant colore
N'éclairent que l'horreur confuse des mourants.

Lestang, général des tueries,
Sonne le chant de mort sur un hideux clairon,
Livrant comme un gibier aux crocs de ses furies
Le vieux Brayssand, honneur chenu de Sisteron.

O les victimes de Beaucaire !
A tous ces innocents, navrés dans les cachots,
Des cruels, sans pitié pour leur destin précaire,
Lancent des flots de soufre et des torrents de chaux.

Mais dans Marseille! oh! dans Marseille
Là surtout le sinistre effroi de ces forfaits
Que la rage soudoie et l'astuce conseille
Se déchaîne parmi les rudes portefaix.

En vain la Méditerranée
Invite au loisir tiède un peuple phocéen,
De grâce féminine et d'amour couronnée,
Langoureuse sirène au corps marmoréen.

Telle la plèbe débordante
Se ruait à la chute immense de Séjan,
La populace, avec une rumeur grondante,
Roule jusques au seuil mal gardé du fort Jean.

Pour charmer le roi de Vérone,
Pour flatter la lignée absente des Tarquins,
Tous ces coupe-jarrets, quémandeurs de couronne,
Sont pour vous massacrer, captifs républicains.

Succombez! la porte qui cède
Admet l'épouvantable houle des tueurs,
Moins rapide la vague à la vague succède :
Les obscurs souterrains traversés de lueurs,

Les corridors, les ténébreuses
Cellules, tout s'emplit, d'assassins inondé ;
Leur silence consterne et leurs faces terreuses
Marquent l'égorgement dans l'ombre décidé,

Un cri part; l'écume à la bouche
Tous s'élancent, la hache au poing ou le couteau !
La mêlée est obscure et l'abord est farouche;
La mort sur tous les fronts s'abat comme un niveau.

Troupe infâme! vile canaille !
Non contents de sabrer, les traîtres ont recours
Aux canons; formidable aux fuyards, leur mitraille
Et mugit, et bondit sur le pavé des cours.

Et leur haine ardente à sa proie
Étale insolemment un spectacle inouï,
La lâcheté qui tonne et la peur qui foudroie :
Où donc es-tu, Danton, vengeur évanoui?

IV

L'ISLE

C'est le chemin qui mène aux douceurs de Vaucluse
    Beau comme l'amour et la muse,
Chemin charmant que l'eau fête de son babil,
    Site d'un éternel Avril,
Abri du peuplier et de l'aulne et des frênes
    Et des fleurs, ces petites reines.
Les mésanges y vont jasant, les cochevis
    Y passent lestes et ravis.
Aux franges de la route est un hameau d'idylle,
    Le calme village de l'Isle!
Une corbeille, un nid si paisible, si frais,
    Voyageur, que tu chérirais
D'y couler languissant tes jours, aux douces plaintes
    Des brises dans les térébinthes.
Vers ce village ami dont le cœur se souvient
    Un jeune homme à grands pas revient.
Il se nomme Rhédon ; il vient de la grande ville ;
    Il a jugé Fouquier Tinville
Et, patriote pur par ses vertus élu,
    Condamné d'un cœur résolu.

L'accusateur, vivante et morne ignominie,
  Bien, Rhédon, ta tâche est finie;
Tu peux, bon justicier de cet homme fatal,
  Regagner ton Eden natal.
Tout est sourire autour de toi : dans l'ambroisie
  De l'air voltige la sésie,
Et les tourdres contents, et joyeux le bouvreuil
  Chantent l'aubade de l'accueil.
Va, brave homme! l'été d'or sur tes pas résonne,
  La vie enivrante foisonne :
Heureux de ressaisir toutes ces voluptés
  Molles des climats enchantés,
Tu crois ouïr déjà les voisines querelles
  Des mignonnes olivarelles;
Tu crois voir le hameau qui se rapproche et puis
  La margelle de ton vieux puits,
Et la fumée heureuse et libre de l'auberge
  D'où se penche la vigne vierge,
De ton honnête auberge où plus d'un a chanté
  Le franc soleil et la gaité,
Tandis que les vieillards d'une allure inégale
  Attrapaient parfois la cigale.
C'est là que, dans le frais du jardin attiédi,
  La sieste est bonne au décadi;
Que l'antique tonnelle en ce petit coin sombre
  Sourit propice aux buveurs d'ombre;

C'est là, vers ce séjour de joie et d'abandon,
 Que ton pas se presse, ô Rhédon.
Peut-être rêves-tu, dans son humble toilette,
 Une Gathoune, une Lélette?
Peut-être... mais hélas! pauvre, ce qui t'attend,
 N'est pas le chœur d'amis chantant,
Les mains et les baisers hâtifs à ta venue,
 Les vieux parents dans l'avenue.
Les filles agitant leurs mouchoirs, et la voix
 Des chiens aux alègres abois,
C'est l'embûche guettant ton retour, c'est l'émeute
 Hostile te lâchant sa meute;
Et mille furieux et de sanglants coquins
 Criant : « Haine aux Républicains! »
Et ta mort sur le seuil paternel conjurée
 Et ta pauvre chair déchirée!...

V

TARASCON

La tour est haute; au pied de la tour sont rangées
En cercle harmonieux des chaises étagées
Où des femmes dans leurs plus jeunes falbalas
Échangent en jasant et croquant des dragées
L'adorable et cruel rire des Dalilas.

Le fleuve au cours rapace étrangement grommèle.
Des captifs dans la tour sont jetés pêle-mêle,
Patriotes promis aux couteaux assassins.
O toilettes en fleur! sous le linon pommèle
Victorieusement la blancheur des beaux seins.

Le Rhône impatient mugit... ces chères belles,
Frémissantes comme un doux vol de colombelles,
Ont bonne grâce au jeu mignon de l'éventail.
Amours, petits amours, venez en ribambelles...
Des hommes sont montés là-haut pour un travail,

Pour un travail sanglant, sinistres camarades,
Fronts de brigands hâlés par le soleil des rades.
La causerie agile en bas prend son essor.
On rime des quatrains, on scrute des charades
Où revient par moment le nom de Thermidor.

O de Bièvre, ô Boufflers! on écoute, on admire
Des madrigaux non moins suaves que la myrrhe.
Un émigré propose un hymne au dieu malin.
L'abbé toujours galant escorte Lindamire
Et porte sa perruche et vante son carlin.

LA TERREUR BLANCHE.

Les ouvriers de mort se dressent sur le faîte,
Traînant des prisonniers à la mine défaite.
Un murmure engageant court parmi ces marquis
Et ces duchesses comme une rumeur de fête.
Le spectacle annoncé doit sans doute être exquis.

On eût dit ton cortège, ô bizarre tarasque :
Un ci-devant fredonne une chanson fantasque,
Un magistrat badin hasarde des glouglous,
Tandis que Dorimène aux barbes de son masque
Laisse flotter l'aimable espoir d'un rendez-vous.

Un signal est soudain lancé. Tout ce beau monde
Regarde avec des yeux de complaisance. L'onde
A gémi sous le poids mystérieux d'un corps.
Les applaudissements circulent à la ronde,
La musique alentour s'ébat en gais accords.

Le fleuve l'accompagne avec un grand bruit d'âmes
Qui tombent des créneaux dans l'inconnu... Les dames
Savourent cette vue en humant des sorbets ;
Ces chutes sont vraiment risibles ! Des vidames
Regrettent cependant les classiques gibets.

L'intermittente horreur de ces mornes supplices,
La victime pendante, ô frêles spectatrices,
O nerveuses beautés, ne vous rebute pas.
Les hécatombes sont vos plus piquants caprices ;
Vous êtes à la mode horrible du trépas.

Courage, et, dès ce soir, parmi les virtuoses,
Calmes dans la langueur indolente des poses,
Ouvrez le bal du crime, et, vierges de remord,
Tressez pour les bourreaux des guirlandes de roses.
Car le Rhône est profond et Barbaroux est mort !

X

LES DERNIERS JOURS

I

LES INCROYABLES

A CHARLES MONSELET

Fantoches à la mode, automates mondains,
Submergés dans des flots de cravate, lunettes
En arrêt, et pareils à des marionnettes,
Les étranges galants que tous ces muscadins!

Engeance hermaphrodite, à travers les jardins,
Ils vont en zézayant d'enfantines sornettes,
Portent chignons de femme et molles cadenettes
Et brandissent avec fracas d'affreux gourdins.

C'est en habit vert-pomme, en chapeau qui gondole,
En pantalon nankin qu'aux pieds de leur idole,
Copistes des marquis, ils vont faire leur cour.

Mais cet accoutrement dont le seul ministère
Semble d'effaroucher les oiseaux de l'Amour
Leur prête l'air vainqueur de Jocrisse à Cythère.

II

MADAME DE CONDORCET

A MADAME EDGAR QUINET

Longtemps après l'effroi des tourmentes publiques,
Dans la langueur des beaux jardins mélancoliques
Et blanche au voile noir sous les ombres d'Auteuil,
La veuve du héros pensif traîna son deuil
Parmi les entretiens choisis des philosophes.
Le frôlement discret de ses tristes étoffes
Vibrait délicieux pour Garat et Tracy,
Et Cabanis sentait son front tout éclairci
Par la limpidité de ce sourire humide.
Cependant qu'au dehors des femmes à chlamyde
Passaient avec l'éclat strident d'une chanson,
Elle n'était que rêve, ondulement, frisson,

Et songeuse élégie, et dolente musique :
Grand'ange harmonieux de la Métaphysique,
Portant dans ses longs yeux d'azur tendre baignés
L'ineffable douceur des êtres résignés.

III

PARIS EN 96

A ANDRÉ LEMOYNE

> Des heures pesantes succèdent maintenant à la vie ailée.
> Mme EDGAR QUINET.

« Le Français né malin créa le vaudeville. »
Paris s'amuse.
           Las de sa fièvre civile,
Pour la couper il a pris beaucoup de Léthé,
Breuvage d'hébétude et de frivolité.
Il danse, et puis il danse et toujours il oublie.
A-t-il pas le Vauxhall, l'Élysée, Idalie,
Bagatelle? A-t-il pas Monceaux hanté de morts?
Qu'importe? deuils sanglants, espoirs hautains, remords,
Tout est bien mort aussi, bien morte est la mémoire.

Pareils à des sorciers marmottant un grimoire,

Rôdent en murmurant quelques vieux Jacobins,
Gens à tête tondue et nullement urbains :
On les siffle, on les hue, on les roule, on les rosse,
On fouaille au besoin leurs femmes. Un féroce
Girondin, dans sa foi sottement entêté,
Louvet en sa boutique est sans cesse insulté :
Le chef des insulteurs a nom, je crois, de Sade.

Comme la guerre est chose importune et maussade,
A Frascati l'on boit à l'espoir d'une paix
Autrichienne ayant en croupe les Capets.
On boude la victoire aux habits bleus, manante
Qui fait la nique aux rois et devient fort gênante.
Ce Marceau s'assimile aux derniers polissons.
Fi ! l'on se venge avec des refrains de chansons
Et l'épigramme ailé au corselet de guêpe.
Plus d'une ose arborer un éventail de crêpe,
Plus d'un les fleurs de lis, et les moins retenus
Souvent hélas ! ce sont les riches parvenus,
Fils de Quatre-Vingt-Neuf répudiant leur père.

Bah ! *nunc est bibendum :* aussi Méot prospère
Et Garchy fait merveille et Léda fait florès.
Des glaces ! des soupers ! des primeurs ! du xérès !
Qu'aux fiers guillotinés la terre soit légère...
Paris mange, il dévore, et, quand Paris digère,

Ce Paris réacteur « aux oreilles de chien »,
Se sent les aiguillons d'un aimable vaurien.
Il se plaît aux jardins, près des chastes statues,
A calquer les contours des femmes peu vêtues
Sous les tissus collants strictement arrondis
Et voit de Mahomet s'ouvrir le Paradis ;
Ou bien, rassasié de blanches muscadines,
Il court ouïr Garat dans les « Visitandines »,
Ou mieux, avec Brunet et le gai Tiercelin
Le vaudeville cher au Français né malin
Comme un produit facile et purgé de chimère,
Ce Paris est gâté, pourri, bon pour Brumaire!

IV

GRACCHUS BABEUF

A VICTOR HUGO

> La vraie République, la République
> des Intelligences !
>
> LAMARTINE, *Discours de Mâcon.*

A l'heure où, consumant un reste d'énergie,
La République aux bras défaillants se lassait,
Où chaque jour la France aux refrains de l'orgie
Vers l'abîme ondoyant des Sirènes glissait;

A l'heure où triomphante et gonflant sa narine,
Reine sur un essaim de femmes en péplum,
Blanche dans son boudoir rose, Thermidorine
Installait Sybaris au débris du Forum;

Un homme pauvre et seul dans une étroite chambre,
Comme dans sa cellule un Franciscain songeur,
Rêvait un âge d'or éclos d'un deux Septembre,
Utopiste candide et furieux vengeur.

Il rêvait, au sortir des suprêmes tueries,
L'azur indéfini d'un bonheur innocent,
L'épanouissement soudain des bergeries
Et des fleuves de lait sur un sol teint de sang.

Il voyait, à travers l'universelle idylle,
Parmi des citoyens rustiques et frugaux,
Heureux sous la houlette aimable d'un édile,
Surgir de toutes parts la cité des Égaux,

La cité des Égaux, une ville du Rêve,
Où les hommes marqués pour un destin commun
Recommençaient l'histoire à la mamelle d'Ève,
La terre étant à tous et l'outil à chacun ;

La cité des Égaux, une Sparte agricole,
Presque un couvent avec un tribun pour abbé,
Au champ, à l'atelier, au temple, dans l'école,
Tenant sur le niveau tout un peuple courbé ;

Et par une stupide et sauvage exigence,
Comme l'on proscrirait l'abus ou le hasard,
Suspectant dans ses murs la libre Intelligence
Et décrétant d'exil le fils des Muses, l'Art!

L'art qui fut la vertu des vieilles Républiques,
Inspirant les héros par un suprême don,
Aux yeux d'Harmodios livrant les Pentéliques,
Aux regards de Brutus déroulant le Phédon.

Oh! qui méconnaît l'Art est à jamais impie!
Qu'elle aille donc rouler dans un gouffre fatal,
O Babeuf, ta cité despotique, utopie
D'un bonheur trop grossier pour n'être pas brutal.

Mais la mort purifie, ô chercheur d'impossible,
Et tu peux contempler d'un piédestal bien haut
Ces trembleurs qui s'en vont prenant ton nom pour cible.
Quel sublime dédain tombe d'un échafaud!

Les moyens réprouvés, ton but était superbe;
Et nous, par un soleil nouveau de Floréal,
Sans coucher les palais de marbre blanc dans l'herbe,
Nous saurons accomplir mieux que ton idéal.

Sans reléguer le chœur des Muses avilies,
Sans vouer tous les bras aux champêtres hoyaux,
Sans ravir aux blancheurs des femmes embellies
Les gazes, les satins, les moires, les joyaux,

Sans arracher le Luxe et l'Art, fleurs de la vie,
Sans frapper la Beauté d'un ostracisme en deuil,
Vainqueurs, nous éteindrons, ô pauvre, ton envie;
Nous verrons disparaître, ô riche, ton orgueil;

Que tout le genre humain soit aristocratie!
Que chaque paysan naisse patricien!
C'est là notre espérance et notre prophétie
Dans les écroulements futurs du monde ancien;

Car donnant à tout être ici-bas la lumière,
L'art, l'amour, le travail, un monde jeune et neuf,
Nous saurons mieux construire immaculée et fière
La cité des Égaux du vieux Gracchus Babeuf!

V

RÉCONCILIATION

A M. VICTOR SCHŒLCHER

Dans l'asile inconnu que Socrate espérait,
Que tout bas pressentit Caton, quand il mourait,
  Que Scipion vit luire,
Prévu par Thraséas, par Sénèque promis,
Ils se sont rencontrés ces frères ennemis
  Égaux dans le martyre.

Familiers de l'orage accueillis dans le port,
Ils ont enfin connu le calme de la mort
  Qui met trêve au mensonge,
Des yeux de notre esprit vient rompre la cloison,
Les ouvre, et, par delà le terrestre horizon,
  Dans l'infini les plonge.

RÉCONCILIATION.

Ils sont les possesseurs de l'espace et du temps ;
Ils marchent dans l'histoire, et les âges distants
    Font leur immense proie ;
Car leur savoir leur donne, étant illimité,
Le grave enchantement de la sérénité
    Et la solide joie.

Non ! rien n'est plus obscur et rien n'est plus faussé ;
L'intelligence a bu les secrets du passé :
    Plus d'erreur acharnée,
Plus d'ombre ! nos grands morts dans une vision
Distincte ont reconnu la Révolution
    Chez eux tous incarnée.

Tous ils sont épris et du Juste et du Beau ;
Donc point de factions, plus loin que le tombeau !
    Point de pactes contraires.
Ils se sont dit avec de doux apaisements :
« Astres, révélez-nous vos longs enchaînements ;
    Car nous sommes vos frères ! »

Et les baisers de paix s'échangent, et les mains
S'enlacent ; ces géants, l'un pour l'autre inhumains,
    Entre leurs cœurs relient

Un pacte indéfini de sagesse et d'amour
Et là, sous le pourpris du lumineux séjour,
  Ils se réconcilient.

Enseignement des morts et leçon des vivants !
Pour mieux nous épargner les discords décevants,
  Songeons que dans un temple
Ces immortels aïeux nous regardent, croyant
Que le tardif accord de leur chœur souriant
  Sert de rhythme et d'exemple.

VI

1993

A SEVERIANO DE HEREDIA

> La liberté dans la lumière !
> Victor Hugo.

Deux cents ans auront fait leur œuvre ; abondamment,
Fleuve aux nappes d'azur, le vaste enseignement
    Sur les hommes et sur les femmes
Aura coulé, partout le plus intelligent,
Le plus pur, l'être aux mœurs limpides dirigeant
    Cette inondation des âmes.

La République en fleur sera l'Ordre idéal,
Pour l'homme rajeuni créant le Droit natal,
    Mais dressant cette hiérarchie
Permanente des Arts, des Vertus, des Talents,
Et vous montrant d'en haut, degrés étincelants,
    A l'ascension affranchie ;

Mais surtout, au-dessus de ces droits absolus,
Des dons que le génie assure à ses élus
    Et des fiertés dignes de Rome,
Sur la plus blanche cime et les plus bleus sommets,
République sereine et sublime, tu mets
    Les éternels Devoirs de l'Homme.

Le Droit primant la Force obéit au Devoir
Son maître, et c'est ainsi que les cieux pourront voir
    En un merveilleux équilibre
Le grand rêve accompli du platonicien,
Fidèle aux mœurs, soumise aux lois, docile au Bien,
    La race humaine vraiment libre.

République des bons, ouvre tes larges bras !
Ces miracles tardifs c'est toi qui les feras
    Dans l'avenir où tout s'apaise,
Fort comme un Montagnard, beau comme un Girondin,
Au désiré, prochaine éclosion d'Éden,
    O dix-neuf cent Quatre-Vingt-Treize.

TABLE DES MATIÈRES

I. — LES PREMIERS TEMPS

I.	89-90-91	3
II.	La première Cocarde	8
III.	Les Précurseurs	11
IV.	L'Argent	14
V.	Camille Desmoulins	20
VI.	A la mémoire de Loustalot	23
VII.	L'arrivée des Girondins	25
VIII.	L'amazone du Vingt Juin	29
IX.	La Guerre	33
X.	La petite Comtesse	36
XI.	L'abbé Fauchet	38
XII.	Marie-Antoinette	42
XIII.	La Marseillaise dans l'orage	45
XIV.	Les enrôlements volontaires	49

II. — LES FRÈRES ENNEMIS.

I.	Ni Marat, ni Roland	57
II.	La Lutte	59
III.	Lanjuinais	63
IV.	Apparition de Saint-Just	65

v. Le capucin Chabot... 67
vi. Le Septembriseur... 69
vii. Vergniaud... 75
viii. La première femme de Danton.................................... 84
ix. Lucile Desmoulins.. 87
x. La crise.. 90
xi. L'abbé Grégoire.. 96
xii. 31 Mai — 2 Juin... 98

III. — LA RUE.

i. Anacharsis Cloots... 105
ii. Regrets d'un Ci-devant... 108
iii. La ceinture... 110
iv. Rencontre de la Convention....................................... 112
v. L'hiver... 116
vi. Danton au cimetière.. 120
vii. Coquetteries de Germinal.. 125
viii. L'Idylle Jacobine.. 128
ix. Anaxagoras Chaumette... 131
x. Les Enragés.. 133
xi. Le Palais-Royal.. 136

IV. — LA CHUTE DES GIRONDINS

i. La fuite.. 147
ii. La barque.. 149
iii. Impavidos... 152
iv. Adam Lux... 155
v. Le couteau... 158
vi. Madame Roland à la Conciergerie.................................. 160
vii. La fée.. 166
viii. Aux grottes de Saint-Émilion................................... 168
ix. Le second roman de Louvet.. 170
x. Les loups... 180
xi. L'apothéose des Girondins.. 184

V. — FOUDRES ET FLAMMES

I.	La fonte des cloches	191
II.	Couthon	195
III.	Le comité de Salut public	198
IV.	Nantes	201
V.	Margarot	204
VI.	Barère à la tribune	207
VII.	Jean Gueit	210
VIII.	Euloge Schneider	215

VI. — LE PEUPLE FRANÇAIS DEBOUT CONTRE LES TYRANS

I.	Aux soldats de la République	221
II.	L'armée de Mayence	225
III.	La jeune femme	232
IV.	Les représentants aux armées	234
V.	Wattignies	236
VI.	Pieds nus	238
VII.	Saint-Just en mission	240
VIII.	Le Marquis	244
IX.	Hoche et Marceau	247

VII. — LES HÉCATOMBES

I.	Le vieux Cordelier	251
II.	Danton à Capoue	254
III.	Le baiser de Judas	257
IV.	Fabricius Pâris	259
V.	Et la Patrie ?	262
VI.	Le cri suprême	264
VII.	Dernière lettre de Camille à Lucile	268
VIII.	Karamsin	272
IX.	Le cuisinier Méot	273
X.	Le testament de Condorcet	275
XI.	Les mères	279
XII.	Le faubourg Antoine	281

VIII. — LE TALION

i. Catherine Théot.. 287
ii. Dernières pensées de Saint-Just........................... 292
iii. 8 et 9 Thermidor.. 295

IX. — APRÈS THERMIDOR

i. La maison des Duplay... 313
ii. Madame Tallien... 315
iii. A quelques Thermidoriens................................. 317
iv. Gaîtés lyonnaises.. 320
v. La maison de Santerre....................................... 324
vi. Aux morts de Prairial... 326
vii. La Terreur blanche.. 328

X. — LES DERNIERS JOURS

i. Les Incroyables.. 347
ii. Madame de Condorcet....................................... 349
iii. Paris en 96... 351
iv. Gracchus Babeuf.. 354
v. Réconciliation... 358
vi. 1993.. 361

Paris. — Imp. E CAPIOMONT et V. RENAULT, rue des Poitevins, 6.

Extrait du Catalogue de la BIBLIOTHÈQUE-CHARPENTIER
à 3 fr. 50 le volume

THÉOPHILE GAUTIER
PORTRAITS CONTEMPORAINS

Henry Monnier. — Tony Johannot. — Grandville — Marilhat. — Chassériau. — Ziégler. — Ingres. — Paul Delaroche. — Ary Scheffer. — Horace Vernet. — Eugène Delacroix. — Hippolyte Flandrin. — Gavarni. — Joseph Thierry. — Hebert. — Appert. — Dauzats. — Gabr Tyr. — Simart. — David d'Angers. — Alphonse Karr. — Béranger. — Balzac. — H. Murge — Mery. — Léon Gozlan. — Charles Baudelaire. — Lamartine. — Paul de Kock. — Jul de Goncourt. — Jules Janin. — Denecourt. — Mlle Georges. — Mlle Juliette. — Mlle Je Colon. — Mlle Suzanne Brohan. — Mme Dorval. — Mlle Mars. — Mlle Rachel. — Rouvière — Provost, etc.. 1 vo

THÉOPHILE GAUTIER
HISTOIRE DU ROMANTISME

Eugène Delacroix. — Camille Roqueplan. — E. Devéria — Camille Flers. — Louis Boulanger — Théodore Rousseau. — Froment Meurice. — Barye. — Frédérick Lemaître. — A. Vigny. — Berlioz. — Célestin Nanteuil, etc..

HENRI REGNAULT
CORRESPONDANCE

Annotée et recueillie par Arthur Duparc, suivie du catalogue complet de l'œuvre de H. Regnault et ornée d'un portrait gravé à l'eau-forte par M. Laguillermie.
Sommaire. — 19 janvier 1871. — Enfance de Regnault. — Ses études. — Ses débuts dan la peinture. — Concours pour le prix de Rome. — Départ pour Rome. — Rome. — Retou à Paris. — Portrait de Madame D. — Second séjour à Rome. — Automédon. — Départ pou l'Espagne. — Espagne. — Madrid. — La révolution espagnole. — Portrait du général Prim — Troisième séjour à Rome. — Judith. — Salomé. — Départ pour Grenade. — L'Alhambra. — Tanger. — Retour à Paris. — Le siége. — Exposition des œuvres de Henri Regnault. — Catalogue complet de son œuvre.. 1 vol.

ALFRED DE MUSSET
MÉLANGES DE LITTÉRATURE ET DE CRITIQUE

Un mot sur l'art moderne. — Salon de 1836. — Exposition du Luxembourg. — Revue fantastique, etc... 1 vol.

PHILIPPE BURTY
MAITRES ET PETITS MAITRES

L'enseignement du dessin. — L'atelier de Mme O'Connell J. P. M. Soumy, peintre et graveur. — Eugène Delacroix. — Les Études peintes de Théodore Rousseau. — Camille Flers. — Les portraits de Ch. Méryon. — Théodore Rousseau. — Dauzats. — Paul Huet. — Sainte-Beuve, critique d'art. — Gavarni. — Les eaux-fortes de Jules de Goncourt. — J. F. Millet. — Les dessins de Victor Hugo. — Diaz. — Les salons de Diderot, etc............. 1 vol.

Paris. — Imp. E. Capiomont et V. Renault, rue des Poitevins, 6.

Contraste insuffisant

NF Z 43-120-14

www.ingramcontent.com/pod-product-compliance
Lightning Source LLC
Chambersburg PA
CBHW050542170426
43201CB00011B/1529